谈判

如何在博弈和沟通中获得更多

王非庶 著

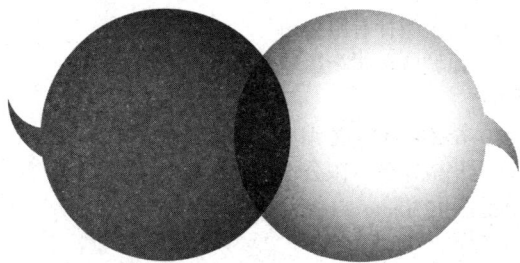

北京燕山出版社

图书在版编目（CIP）数据

谈判：如何在博弈和沟通中获得更多 / 王非庶著
. —北京：北京燕山出版社，2024.2
ISBN 978-7-5402-6690-5

Ⅰ.①谈… Ⅱ.①王… Ⅲ.①谈判学 Ⅳ.
① C912.35

中国版本图书馆 CIP 数据核字（2022）第 183139 号

谈判：如何在博弈和沟通中获得更多

著　　者　王非庶
责任编辑　王　丽
封面设计　韩　立
出版发行　北京燕山出版社有限公司
社　　址　北京市西城区椿树街道琉璃厂西街 20 号
邮　　编　100052
电话传真　86-10-65240430（总编室）
印　　刷　三河市华成印务有限公司
开　　本　880mm×1230mm　1/32
字　　数　160 千字
印　　张　6
版　　次　2024 年 2 月第 1 版
印　　次　2024 年 2 月第 1 次印刷
定　　价　38.00 元
发 行 部　010-58815874
传　　真　010-58815857

如果发现印装质量问题，影响阅读，请与印刷厂联系调换。

　　所谓谈判，是谈判各方就某些方面在一起相互协商或交流，以找出某些问题的解决方法，或双方通过讨论取得对某事在一定程度上的认同或妥协的行为或过程。所谓优秀的谈判，即能够灵活运用各种谈判技巧与策略，在谈判的过程中为己方争取到最大利益，实现谈判预期目标，取得谈判成功的行为或过程。

　　当你想要完成某件事而遭遇别人阻挠时，你是否想要取得对方的支持？当你的观点和别人产生分歧时，你是否想据理力争，取得对方的认同？当你被别人误解、被别人指责的时候，你又是否想有效地进行解释？如果你的答案是"是"，那么毫无疑问，你需要谈判！如果能够正确掌握在谈判中化解危机的方法，我们就能够以轻松的态度面对这些让人苦恼的问题，并取得理想的结果。这一原则可以适用于生活中的方方面面，无论是国际经济洽谈、企业商务合作、市场营销管理、品牌形象公关，还是生活中的民事纠纷、消费购物、人际说服……只要我们需要和别人沟通交流，并且想要说服他人，以满足自己的利益，我们就一定需要谈判！

当今时代是个信息爆炸、注重经济发展的时代，要想在这样的时代大背景下谋求发展，就必须掌握必要的谈判技能，谈判俨然成为在这个时代立足的必修课。谈判是解决冲突矛盾、协调各方利益、合理配置资源的实用性最强的方法。无论你是政治家、高管、律师，还是消费者、纠纷当事人、顾问，只要你想获得利益，并将利益最大化，你就必须熟练运用谈判的各种原则、策略及技巧等。

通常来讲，谈判高手在整个谈判过程中所使用的思维模式、分析准备、执行策略和普通人是不一样的，有些甚至是背道而驰的。但是，令人惊讶的是，他们往往能够在最危难，甚至是最无望的时候力挽狂澜，取得最终的胜利。在谈判过程中，通过使用各种谈判技巧和策略，他们能够使己方的利益被逐渐挖掘、放大，尽管妥协却又维护尊严、不失体面，迫使对方让利却又能够建立并保持长久合作关系。这就是谈判的精髓。本书涉及很多谈判策略与技巧，这些策略和技巧能够让我们更便捷地找到问题的解决方案。本书的最大价值，就在于不仅能让每一位读者都学习到最经典的谈判技巧，而且能让其在学习的过程中理解并有效实践。希望此书可以帮助大家解决身边的问题和危机，实现个人成长与技能提升。

目录

CONTENTS

第一章

谈判无时不有，无处不在

谈判是协调利益、建立关系的过程

谈判有广义与狭义之分。广义的谈判不仅包括正式场合下的谈判，同时还包括日常生活中的一切协商、交涉、商量、磋商。而狭义的谈判仅指正式场合下的谈判。而我们现在所讲的，就是广义上的谈判。在生活中，谈判不仅仅是商务人士的事，也不仅仅是处理危机的手段。谈判是无时不有、无处不在的，当你和另一个人面对面地讨论一件事情的时候，谈判就可能已经悄然地发生了。这个时候，如果你没有技巧，或被情绪左右，或越谈越极端，那么就有可能落于下风了。

谈判是社会交往活动的核心内容之一，现实社会其实就是一个大的谈判桌，谈判的时间有长有短，谈判的事物可大可小。长的可能持续几天、几月，甚至几年，短的可能几小时，甚至几分钟；大到解决国际争端，小到处理生活中的"鸡毛蒜皮"。社会人生中的一切几乎都需要借助谈判解决。你看中了一套衣服，而卖家却令你感到意外的棘手，他咬定自己的高价不放松，而你又想用尽量低廉的价格从对方的手中获取自己的所爱，这就需要谈判；你发生了一起交通意外，这时你和对方都想尽可能避开最大的责任，获得相应的利益补偿，这也需要谈判；你为公司发展做出重大贡献，觉得自己应该获得与之相应的报酬，你去找老板提加薪的事，这仍然需要谈判。所以，谈判不仅仅是不同国家领导人对某些重大事件形成共识，更不仅仅是几家贸易公司就某些合作达成协议。

著名学者罗杰·费希尔所著的《谈判力》中认为，每个人每天都要与别人进行谈判，比如，你会问你的爱人"亲爱的，我们去哪儿吃饭……"或者，你会对你的孩子说"宝贝，我觉得现在是你熄灯睡觉的时间了……"谈判是从别人那里获取自己所需的一个基本途径，是与谈判对象存在相同或不同利益时寻求解决方案的交流过程。

事实上，不论是在商界、政界，还是家庭中，人们更多时候都是通过谈判来解决问题、做出决定的。

下面和大家分享一个小故事，通过这个故事，大家可以更好地理解"无时不在、无处不在"的谈判。

小张正在寻找一家新的修鞋店。她对一位有望被自己选中的擦鞋工说，她每周都有鞋子需要清理，并主动提出要介绍自己的邻居和同事来这里。擦鞋工会因为这些给她一些优惠吗？答案是：是的！这家店给她打了八折，她因此能省下一部分清洗鞋子的费用。当小张从擦鞋店取回鞋子时，发现上面多了一些墨迹，而她确定鞋子在送来之前，上面是没有墨迹的。"这不关我们的事"，擦鞋工说。小张并没有因此生气，而是对擦鞋工说："我肯定鞋子拿来之前没有墨迹，不过我们也没有必要因为这点小事而争执，这样吧，你再把鞋子免费给我清洗一遍可以吗？"擦鞋工知道自己在说谎，自然也就顺着"台阶"下来，免费对小张的鞋子进行了擦洗。

虽然这只是一件日常生活中很常见的事情，它可能会发生在我们超市购物时，也可能发生在餐厅吃饭时，无论发生在何时、何地，我们都需要用言语去化解冲突，通过谈判达到一个能让自己接受甚至是满意的结果。

谈判的内容极其广泛，很难用一两句话准确、充分地表达其全部内涵，所以，要给谈判下一个准确的定义，并不是件容易的事情。上面，我们已经提及了谈判的定义，即"谈判有广义与狭义之分。广义的谈判不仅包括正式场合下的谈判，同时还包括日常生活中的一切协商、交涉、商量、磋商。""狭义的谈判仅指正式场合下的谈判"。我们可以从其中提取一些比较明显的特征，来对谈判做初步的认知。

谈判是两方以上的交际活动

当谈判参与方想从对方手上获得自己所需，并为此而努力进行协商、辩论，试图说服对方的时候，谈判才能够成立。比如，商品交换中买方卖方的谈判，只有买方或者只有卖方时，谈判不可能进行；当卖方不能提供买方需要的产品时，或者买方完全没有可能购买卖方的产品时，也不会存在谈判。

谈判是一种协调行为的过程

谈判的开始意味着某种需求希望得到满足、某个问题需要解决或某方面的社会关系需要协调。由于谈判参与方的观点、立场、利益等的不同，他们之间势必会产生冲突和矛盾，但是，为了让谈判能够和平地进行下去，就必须找到一个双方的利益共同点，从而满足其各自的需要，此时，参与双方就不得不相互协调，彼此交流沟通，寻找双方都能够接受的解决方案，最终实现谈判的成功。当然，事物的发展是一个曲折上升的过程，协调矛盾、解决问题也不可能是一蹴而就，谈判总需要一个过程，需要谈判双方有一个交流互动、共同寻找解决方案的过程。然而，这个过程往往会伴随着新问题、新矛盾的出现，进而形成新的谈判，如此循环往复，推动事情的变化发展。

谈判也与建立或改善人们的社会关系有关

社会是一个复杂的关系网，就商业活动来说，买方和卖方的交易看似是简单的商品交易行为，实际上是买方与卖方之间的关系建立与改善的结果。简单来说，当两家公司之间建立起良好的信任关系后，他们的谈判往往会比较顺利。这也就是为什么很多公司进行商业谈判的时候，会在一开始就尽量避免直接冲突，与对方建立起良好的关系，寻求合作与共同发展。人是感性动物，细微的情绪、情感变化都有可能会影响到一件事的结果，所以，很多期望长久合作的商家，都会在谈判中建立或改善彼此的关系，以促成谈判的成功，同时，这种关系又为下一次谈判建立了良好的基础。

利益是谈判的核心点

谈判者的目标就是满足自己的利益需求，这是人们进行谈判的动机，也是发起谈判的根源。你和路边摊的小贩讨价还价，是为了用最低的价钱买到心仪的商品，而小贩则希望能卖一个好价钱，谋取尽量多的利润。你们都有各自的需要，你需要商品，而他需要货币，但是双方在钱这个利益上有不同的立场，因此，你们要为自己的利益辩护，要努力说服对方让利于己，这也就是我们日常所常见的讨价还价的过程了。这里，交换意见、改变关系、寻求同意都是人们的需要，这些需要来自人们满足自身某种利益的需求，这些利益所包含的内容也是非常广泛的：有物质的、精神的，有组织的、个人的……当需要无法仅仅通过自身满足，而需要他人的合作时，就要借助谈判的方式来实现了，同时，需要越强烈，谈判的要求也就越迫切。

综上所述，我们认为谈判是参与各方出于某种需要，在一定时空条件下，采取协调行为的过程。

谈判有多种类型，从下面的表格中，我们可以很清楚地看到谈判的几种类型。

谈判类型	利益目标	举例	谈判参与人员
商业谈判	公司之间谈判的动机通常是为了赢利	为采购到符合公司需求的原料而赢得一份合同；安排交货与服务时间；就产品质量和价格达成一致意见	管理人员 厂商 客户 政府 工会 法律顾问
法律谈判	这类谈判通常是正式的，并具有法律约束力。对事例的争辩与讨论主要问题一样重要	遵守国家与地方的既定法规；与主管部门沟通（如消费者权益保护机构）	国家政府 地方政府 主管部门 管理人员
管理谈判	这种谈判涉及组织内部问题和员工之间的工作关系	商定薪水、合同条款和工作条件；界定工作角色和职责范围；要求劳动保护等	管理人员 员工 工会 法律顾问
日常谈判	这类谈判主要用于人际关系的建立和改善	夫妻协议性的对话；朋友间的约定；推销人员的产品推销	家人 朋友 陌生人

谈判是怎样一个流程

谈判是每一个期望成为优秀管理者的人都必须要学习的课程，能否以全优的成绩结束这门课，不仅取决于最终"判"的结果，还包括对"谈"的过程的考察，当然，这也并不像"1+1=2"那么简单，我们最终追求的是"1+1＞2"的效果，即我们所说的"谈"与"判"将作为一个整合后的整体，整体的效果才是艺术性的体现，才是货真价实的"谈判"。

任何一次谈判，都是谈判者在做一个抉择。然而一个优秀的谈判高手绝不会忘记，坐在他对面的是另一个优秀的谈判者，僵硬而无趣的讨价还价非但不能博得对方的好感，而且对谈判结果没有益处。理解谈判对手的利益至关重要，只有如此，你才可能使他做出你希望看到的选择。

永远记住，在迈出正确的第一步之前，先站稳脚跟深呼吸。在对方坐在谈判桌旁边之前，你一刻也不能闲着，最好的谈判者几乎不会给对手留下任何机会，哪怕是一丝缝隙。因此，在谈判之前，做足功课是非常重要的。

罗杰·费希尔和威廉·尤里在《取得谈判成功》一书中说："应该将个人置于谈判之外。"要知道那意味着在谈判桌上，谈判者需要将自己的情感放进收纳箱，否则，相信等待你的将不止是对方的下马威。

蹩脚的谈判几乎都会有一个共同的现象：各方都把精力用在不断捍卫、坚持自己的目标上，而不是努力寻找于双方都有利的解决方案。

美国知名谈判学首席教授詹姆斯·塞贝尼斯指出，谈判成功的关键在于为双方创造价值，这就必须了解谈判对手的利益所在并影响其决策。

针对这个问题，有专家提出了"调查型谈判"的解决方法，其精髓是：谈判者必须拿出侦探勘查犯罪现场那样的精神来开展工作，尽可能多掌握一些相关事件及人员的信息。也许你会觉得有点夸张，但正是这样的方式能够帮助我们打破谈判中的僵局，让谈判顺利进行。

相比了解对手来说，另一件更难的事情是了解自己。如何评估自己的谈判能力，有专家提出了一个衡量指标，那就是谈判协议的最佳替代方案。这个方案也许可以被理解为最坏的打算、最好的补救。有了替代方案，你会拥有更强大的内心，你不会有太多的顾虑，在某种程度上，这意味着你的谈判力增强了。

然而，在谈判的准备过程中，这是一个很重要却又容易被忽视的步骤：出去搜寻你的"谈判协议的最佳替代方案"，一个浅显的例子是，要求老板升职之前，为自己找到其他的工作机会，这将为你在与老板谈判时增加不少筹码。

再来看一个反面的案例：

汤姆是美国某家上市公司的基层管理人员，由于经济条件不景气，他成为公司裁员的牺牲品。现在，他正在参加工作面试，那么，他是否认识到了自己的谈判力，并在面试中充分展示了这种能力呢？

面试官："您好，我看了您的简历，有几个问题想要问您？"

"好的请问，我不知道是否能回答您的问题，不过我会尽力。"汤姆回答。

"您从毕业到现在，换过很多份工作，而且每份工作的内容和角色都不一样，这是为什么？您有比较擅长的专业或者领域吗？"面试官问。

汤姆答道："可能是因为我想尝试不同种类的工作吧，另外，我好像也没有什么擅长的专业或者领域，很抱歉。"

"这样啊，那您有参加其他公司的面试吗？有没有已经确定录用您的呢？"

"这个，我面试过几家，但不确定是否会被录用……"

"好的，先生，感谢您能来我公司面试，今天的面试就先到这里，结果我们会另行通知。"

很遗憾，从这一组谈话，我们可以明显看出，汤姆与面试官的谈话缺少积极的前景，那面试结果也就可想而知了。那么，为什么会出现这种情况呢，接下来，我们来详细分析一下。首先，很重要的一点，就是汤姆没能做到了解自己，他并不清楚自己的优势在何处。如果认识不到自己的优势和劣势，那和没有这些东西又有什么区别呢？其次，没有充分利用替代方案。汤姆回答"我面试过几家，但不确定是否会被录用"，在面试结果没出来前就表示悲观，明显切断了自己的替代方案，让自己在面试中处于被动、不利的地位。反之，如果汤姆在回答问题时表现出其他公司对自己的极大兴趣，那么就会大大增加自己的谈判力，扭转自己的被动局面，甚至让面试官对自己产生更大的兴趣。由此可见，找到"谈判协议的最佳替代方案"，不仅可以扭转自身所处的劣势地位，还有可能反客为主、反败为胜。

现场环境同样起到至关重要的作用。相比简单选择自己的地盘，费希尔和布鲁斯·巴顿提出的建议更灵活些：选择既能符合自己的要求又让对方感到舒服的地方，最好能有双方都需要的文件、活动挂图、白色书写板。

一切就绪，谈判拉开帷幕之后，作为谈判的参与者，你应该认识到，接下来你要进入一个战术、策略与勇气交织的战场。

然而，欧洲工商管理学院决策科学教授奥拉西奥·法尔考指出，真正掌握成功谈判艺术即"价值谈判"的人可谓凤毛麟角。

通常来说，当一些人考虑是否要接受别人的建议或者意见时，首先都会考虑自己与对方的熟悉程度以及对对方的信任程度。所以，从一开始和对方接触，就应该尽量与对方建立一种良好的人际关系，尽量取得对方的信任。有很多谈判者对这一点有疑问："我尝试过合作性双赢谈判策略，我想与对方建立伙伴关系。不过，对方把我当成敌人，他们咄咄逼人，所以我不得不与他们针锋相对。"

在这一点上，法尔考认为，合作性双赢谈判策略可能更受人们的推崇。因为有些人天生不喜欢与人为敌，在商业环境中也是如此。

我国某国际贸易公司与韩国一家公司谈生意，中方公司的王经理在此之前了解到韩方参加谈判的总经理赵先生喜欢下围棋，且非常痴迷。于是，王经理在谈判前几天带着围棋主动来到赵先生所住的酒店。

"赵总，久闻您棋艺高超，今天特来拜访，咱们下一盘怎么样？"显然，爱好围棋的赵先生接到这样的邀请非常激动，没想到可以在异国他乡遇到知音。几场"酣战"下来，双方都意犹未尽，相见恨晚，于是又畅谈起事业、家庭等话题。棋逢对手，赵先生非常赏识王经理，当场就表示："见到您有一种'酒逢知己千杯少'的感觉啊，您这个朋友我交定了，那就先预祝我们合作愉快吧！"此后，双方谈判顺利完成，韩国公司欣然接受了中方提出的降价条件，并完成合同签订。

正是因为双方在谈判前建立起了友好的关系，才使得谈判能够如此顺利地达成。

试想，在此之前，如果王经理没有主动拜访赵先生并与他建立良好的关系，赵先生又怎么会在公司利益面前如此痛快地做出让步呢？谈判又怎能如此顺利地开展呢？

在谈判过程中不可能完全剔除情感因素。更好的选择是，利用情感建立一种友谊，以推进工作。"我相信你们也同样希望这次会谈能有一个圆满的结果"，这样的话语对谈判桌上的气氛调节会有积极作用。谈判高手认为，在建立互信并逐渐加强合作的基础上，要实现谈判目标，争取对方的真正认同远比强迫对方勉强顺从更为有效。

如果对自己的目标和能力有较大信心，可以通过在第一轮提议为谈判定调，把最终结果提前定位在这个方向。关于主动性这方面，有一项有趣的研究测试：将相同的房产信息发给若干中介，中介们拿到的信息中唯一不同的是市场预期价格，结果是，拿到不同预期价格的中介们分别给出了相对"适合"的报价。

但是，如果对方没有花时间搜集必要的信息，或没有想清楚他们的利益所在，那由己方来定调就最有效。谈判高手建议：如果不想被别人牵着走，就不要过分还价。

当然，我们不能排除遇到卑鄙狡猾的对手这种情况，你要发怒然后大吵吗？读到这里你应该知道如何做出正确的选择了，在就事论事并且不针对人的基础上，发掘潜在的利益关系，以此来推进谈判才是正确的方式。而在话语方面，可以挑明对方的招数，然后建议继续谈判。

一旦出现可能签约的迹象，就要注意小心谨慎地循着这个方向收尾。大多数谈判人员把通过谈判而成功签订合约作为最终的目标，而不是作为一项合作项目的开始。现代社会的谈判高手则认为，公司及其谈判人员必须从签约式谈判观念向执行式谈判观念转变，这就意味着要为建立长期健康的合作关系铺平道路。

但是，有人也建议，不要紧逼对方和催促自己。在最后一刻因为收尾的细节问题而导致失败的例子虽然不多，却也令人警醒。要知道，最好的交易并不是在谈判桌上结束，而是从谈判桌上开始。

再让我们来看这样一则小故事：

在一个农夫生活的地方有三片小树林，每处树林中都居住着一大群小鸟。农夫总觉得这些树林没有多大用处，还占据了大量的土地，便决定将它们铲除。

农夫开始动手清除第一片小树林，住在里面的小鸟着急坏了，它们苦苦地哀求："善良的农夫，请您放过我们的家园！如果您铲除了这片树林，我们就无家可归了。求您可怜可怜我们吧！"农夫看看这些小树，无动于衷，他冷漠地说："你们有没有家和我又有什么关系，我现在只想把这些没有用的东西除掉，给我腾出大块的田地。"农夫迅速地将这片树林铲除了，住在里面的鸟儿变得无家可归。

过了几天，农夫又来到第二片树林前，准备把这片树林也夷为平地，树林中突然冲出一大群小鸟，对农夫叽叽喳喳地大叫起来："残忍自私的农夫，你若是把这片树林铲除，我们就没地方可去了，我们也绝不会轻饶了你。"于是，小鸟们奋起反抗，在农夫的头上盘旋、尖叫，向农夫身上拉粪便，甚至啄他的眼睛，撕扯他的衣服。然而，小鸟们的行为让农夫更加愤怒，他一气之下，烧毁了整片树林。

当农夫又打起第三片树林的主意时，一只百灵鸟从树林中飞出，它温柔地对农夫说道："勤劳的农夫先生，您是如此聪明，但怎么会做这样的糊涂事呢？您想想看，如果您铲除了这片树林，得到的无非就是一片光秃秃的土地，您还需要投入更多的时间和精力去耕种、去打理，况且，收成也还是一个未知数。其实，放在您眼前的就是巨大的利益啊。可能您不知道，这片树林其实是一片桃林，只不过因为常年没人打理，桃树长得并不是很好。如果您能细心打理一番，一定收获不菲啊。您想，在春天的时候，这里桃花盛开，再加上我们鸟儿美妙的叫声，不正是春游的好地方吗？您完全可以开发一个春游项目，相信一定会吸引一大批游客的。到桃子快要成熟的时候，我们还可以捕捉树上的虫子，让它们不去破坏桃子，那您又可以收获大量美味可口的桃子来换取收入，真可谓是一举两得啊。"农夫听了百灵鸟的话，觉得颇有道理，便开始精心打理桃树。两年后，这片树林果然为农夫带来了不菲的利益，而树林中的小鸟得以安稳地生存下去。

从这个小故事我们也可以看出，竞争性谈判固然好，然而合作精神才更容易指向双赢的完美结局，一个优秀的谈判高手，会在谈判之前充分准备，步步为营，掌控全局，关注细节，双方在谈判这场表演中携手演出一台好剧，既是敌人，又是朋友，一场酣畅淋漓的谈判结束后，不妨来谈论一下今天的天气吧！

▎谈判目标的制定

管理大师彼得·德鲁克在《有效的主管》一书中指出："效率是以正确的方式做事，而效能则是做正确的事。效率和效能不能偏废，但这也并不意味着效率和效能具有同样的重要性。当然，我们都希望能同时提高效率和效能，但在效率与效能无法兼顾时，我们应该首先着眼于效能，然后再想办法提高效率。"而"做正确的事"的前提就是设立正确的目标，在正确的目标的指引下，我们才不会偏离方向，做出正确的事。

无论在什么形式的谈判中，谈判方都会对对方有所需求，也就是说，谈判者都有自己的谈判目标。谈判的最高目标就是谈判者最想要达到的理想化结果。其实，在许多谈判中，很少有谈判者会有什么特定的、具体的最高目标。例如，你要去买房，你会希望房子的价钱越低越好，你甚至希望1元钱就可以买下房子，当然，这简直就是天方夜谭。我们的谈判目标很多时候是建立在理想化的基础上的，但是那并不现实。所以，当我们说到最高目标时，应该是建立在现实的、可实现的估价基础上的。

　　谈判前的准备很重要，在谈判开始之前，谈判者应该明白自己想要在这场谈判中获得什么，这一点至关重要。但是，在实际中，很多谈判者要么事先没有明确自己的目标，要么在谈判中偏离了自己的目标，致使谈判结果不但出人意料，而且令人无法接受。因此，谈判开始前很重要的一点便是在拥有准确信息的基础上，彻底分析自己和对方的需求，确立自己的谈判目标。

　　在谈判之前，要确定自己所要达到的目标，如和供应商达成明年产品不涨价的协议，和老板谈判达成涨薪 20% 的目标等，千万不能把谈判变得毫无目的，谈到哪儿算哪儿，到头来浪费了很多时间却一无所获。当然，在设立谈判目标时，也不能只设立一个单一的目标，把谈判变成死板、毫无变通的活动。正确的做法是在谈判前设立多个目标，把谈判变成"一揽子"交易。那么，谈判之中的目标都有哪些呢？我们可以按照谈判目标的理想程度，将其大致分为四种：理想目标、实际需求目标、可接受目标、底线目标。下面我们用表格来具体说明一下这四类目标的含义（目标的具体内容）和可行性（目标在谈判过程中的实际价值和可行程度）。

目标类型	目标内容	可行性
理想目标	对谈判某方最有利、谈判方最想要达到的目标，即在满足某方实际需求利益之外，还能有一个额外的附加值	实现可能性小，但该目标的提出有利于扩大己方的谈判空间，有利于下调目标
实际需求目标	谈判各方根据主观和客观因素，综合考量各方面情况后而制定的目标，是最切实际的目标	经过科学论证、预测及核算后，纳入谈判计划的谈判目标
可接受目标	能满足谈判某方的部分需求	实现部分经济利益的目标
底线目标	谈判某方必须达到的原则目标	做出最大让步后的底线，过于妥协便会有利益的损失

当我们在谈判中确定了不同程度的谈判目标后，就可以考虑如何在获得最大利益的前提下，制定谈判目标。正确的目标制定能够有效引导之后的谈判方向、方法措施，甚至是最终结果。下面是思考和制定目标的流程表，我们可以看一看：

自己需要什么：有什么是对你非常重要并且绝不能妥协的，这就是你的谈判核心。

↓

　　将需要考虑的事按照轻重缓急进行划分：将自己在谈判当中想要达到的全部目标分解成若干个组成部分，然后仔细考虑，哪一部分需要是居于首位的；哪一部分位居其次；哪一部分可以放在最后考虑。

↓

　　自己为什么需要谈判？这次谈判对我有什么用处呢？深入了解你想得到某样东西的原因，可能会有助于你找到隐蔽的目的，即使这些原因你未曾有意识地思考过。

↓

　　不能接受什么？在谈判的过程中，我们有一定要达成的东西，也有必然不能侵犯的东西，这就需要考虑自己在谈话中的底线。我应该在谈到什么程度的时候终止谈判？什么时候应该说"是"，什么时候应该说"不"；什么时候可以有所让步，什么时候态度必须强硬；当然，尽量不要把时间和精力花费在毫无意义的事情上。

↓

　　目标如果没有实现怎么办？自己是否能够接受目标实现不了这一最坏结果？我应该采取哪些措施来进行补救？预料所有可能出现的结果，并提前做好各种结果的补救办法。

　　当然，换一个角度来看，你能制定目标，你的对手必定也会制定目标。所以，需要明确的是，无论是商场上的合作伙伴、客户，还是日常生活中的同事、朋友，其实都不存在完全对立的利益。由此可见，谈判前的目标订立实际上也不存在完全的对立。谈判是在既满足自己的需求，又能够让对方获得相应的利益的基础上达成的，所形成的多数是双赢的局面。谈判的有效目标，就是能够从人性化、人情化的视角出发，多给对方一些尊重、多给对方一点空间、多给对方一些机会、多给对方一分利益。IBM公司当初由于在谈判中没有给予比尔·盖茨应有的重视和尊重，衍生出日后微软在视窗领域的独霸天下。所以，目标应该建立在双方协议的基础上，而不是建立在压倒性的胜利上。同时，参与谈判的各方均有利可得，才会愿意加入谈判、参与协议，才会达成最终的结果，这才是一种非常圆满的目标。如果因为其他各方弱小，就忽略他们的存在和利益，那最终得到的结果，也绝非是你自己想要看到的。中国加入WTO的谈判，可谓典型的马拉松谈判，历经8年，终于在多方的协调、妥协、折中、让步下，实现了协定的签订，获得多赢。

不论何种谈判，目标既要明确又要适度，掌握好谈判目标设立的尺度，才能够掌控谈判，在谈判桌上应付自如。你知道哪一步可以继续，哪一步必须停止，哪些时候可以放松，哪些时候必须紧逼。哪怕之后出现了预料之中的成功，也应该努力克制自己的情绪，不喜形于色，才能稳住大局，终获成功。

把自己和对方看清楚

有一个电脑销售员，负责某品牌电脑和笔记本的销售工作。一次，他到一家互联网公司进行上门推销，看到办公楼门口贴着一张纸，上面写道：销售人员禁止入内！

于是，他循着门外的办公室名称，来到了维修部的办公室，然后对里面的工作人员说："您好，是你们公司后勤部经理让我过来的，我们有一些事情需要谈，但是，我忘记他办公室的门牌号，您能告诉我一下吗？非常感谢。"于是，工作人员把后勤部经理办公室的位置告诉了他。他来到后勤部经理的办公室并有礼貌地敲了敲门，经理示意他进来。

"经理您好，我是托克电脑公司的信息调查员，现在我们公司正在进行一项免费的电脑维修活动，只要您在我这里登记一下所使用的电脑品牌、型号、购买年限等信息，就可以获得两年的电脑免费维修的权益。我看咱们是一家互联网公司，电脑应该不少吧，如果获得了这样的权益，可以为贵公司省下一笔不小的维修费用呢。"

于是，后勤部经理详细地为其介绍了公司目前所拥有的电脑的情况。在了解完这些情况后，销售员又进一步了解了目前该公司的电脑采购需求和更新换代意向等。当把所有想要了解的情况了解得差不多了时，销售人员拿出一些宣传资料递给这位经理说道："这是我们公司新产品的一些资料，您可以看看，如果有什么需要也欢迎随时和我联系。同时我也会将贵公司目前的电脑使用情况向公司做一个汇报，为贵公司争取一个免费维修的权益。"之后，他又以方便通知他争取免费维修权益的结果为由顺利加上了经理的微信。

事实上，该销售员所在的电脑公司一直就有免费维修的业务，只要持购买某品牌电脑的凭证到其公司，就都可以获得免费维修的权益。几天后，销售员在微信上告诉经理，他很幸运地争取上了免费的维修权益，为此，该经理表示十分地感谢。几个月后，该后勤部经理主动联系了销售员，告诉他公司要扩大规模，需要购置一批电脑，而他打算全部从该销售员所在公司采购。

这笔订单的成功，正是销售员以不同以往的谈判方式所换来的。他并没有过早地亮出自己销售员的身份，而是以信息调查员的身份获取了该公司电脑使用和需求方面的状况，并取得了对方的信任，最终赢得了订单。而他之所以能够成功，很关键的一点就是做到了知己知彼。摸清了客户的底细，搞懂了客户的需求，就能有针对性地对其进行产品推销，进而获得成功。

知己知彼，方能战无不胜，一个好的谈判选手，要善于提前收集对方信息。只有先了解对手，再量身制定谈判方案，才能让你在谈判中做到心中有数、有备无患。

那么，在谈判开始前，你可以先问问自己这 4 个问题：

你对自己了解多少？

你对对方了解多少？

你认为对方了解你多少？

你认为对方对自身了解多少？

有一千个读者，就有一千个哈姆雷特，对莎士比亚笔下的人物，我们尚且如此观点不一。那么，对于复杂多变的谈判，情况自然就更加错综复杂了。不同立场的人，想法自然千差万别，哪怕是站在同一立场的人，观点也会不尽相同。所以，当我们认知到这个"个体差异"的事实时，我们就更要将以上问题活用到谈判中，做好谈判前的必要准备工作。

首先，明确自身的立场

无论时间长短，内容单纯或复杂，我们都要考虑到一点，那就是在这次谈判中，我们和对方是平等的还是失衡的——我们是处于优势还是劣势？你需要从不同的视角来详尽了解这次谈话的实质。

张某某是一位知名演员，一次，一家演艺公司邀请其参演一部历史题材的电视剧，而这类电视剧也刚好是张某某的专长，无论是从形象、演技，还是与角色本身的契合度来说，张某某都是这部作品最合适的人选。在张某某和演艺公司洽谈合作事宜时，如果张某某能够认识到自身所处的优势地位，那么他可以坚持自己所提出的出场费用以及其他有利于自己的条件。以演艺公司处于劣势的地位来看，演艺公司或许会最大限度地满足张某某所提出的条件。但是，如果张某某低估了自己实力，必然不敢以强硬的态度来坚持其所提出的条件，谈判自然也就无法以"速战速决"的方式达成协议。由此可见，"正确地分析自身实力"是至关重要的。

其次，高估对手并洞悉对方的思考模式

当我们一时无法了解对手的信息和实力时，我们可以先将对方看成与我们实力相当甚至实力高于我们的对手。这是一种策略，也是一种态度。不高估自己，不低估对方，别让"不过如此"成为你对对方的评价，无论这是对方给予你的烟幕弹，还是真实情况。你要做的是一直保持警惕的状态。

正所谓，"不打无准备之仗"。如果你之前与谈判对手接触过，那不妨再翻阅一下当时的谈判记录。如果双方素昧平生，则可以从与对方谈判过的人那里获取信息。另外，从图书馆或对方所属的机关，也能找到若干基本资料，如谈判对手的年龄、经历、教育程度、特殊专长，等等，根据这些，谈判对手的轮廓便呼之欲出了。事前搜集资料，再加上实际接触中的观察所得，对于判断一个人来说，这些应该是足够了。

当我们做好了心理准备，同时，也对对方有了一个大致的了

解时，就可以根据对方的个性、特点、行事风格来制定相应的应对措施了。

最后，适当地展示自己

我们要给对方一种印象——这种印象可以是我们迷惑对方的手段，也可以是一种真实实力的展现，无论哪一种，在特定的情况下，我们需要把自己"拿"出来给对方看。这就是在以上两点基础上对谈判的操纵和掌控，正因为你对自己和对方都有了一定的了解，你才能完成这种形象展示。比如，你想要让对方产生一种"我的对手正处于下风"或者"他现在很焦虑，肯定已经受到了情绪影响"的印象，你就可以表现出相应的行为，这是一种迷惑对方让其跳进自己设好的陷阱里的技巧。或者，有时候，你也可以表现出一副"在这次谈判中我稳操胜券，我一定会赢"的姿态，给对方造成一种心理压力，消减对方的底气，当然，这一般是在特定的情况下才可以使用的。

诸葛亮所使用的空城计，就完美地诠释了上述的几点。首先，他明确自身所处的情况与立场，在敌众我寡的情况下，正面冲突难以取胜，但是胜利是一个军队必须达到的目标，于是，他决定智取；其次，他了解自己的对手并洞悉对手的思考方式，他知道司马懿生性多疑，必不敢贸然行事；最后，他故意展示自己，迷惑对方。他让军队撤退并大开城门，自己则坐在城楼上抚琴，故意展示出自己的"柔弱"，而这样却让司马懿觉得城中必有埋伏，不敢轻易进城，只好撤退。最终诸葛亮不战而胜，留下这一段传奇故事。

在谈判中掌握主动权

谈判不是即兴表演，它需要很长一段时间的准备、预测和谋划，我们要研究和分析一切有利于自己和不利于自己的因素，并尽量收集一切可借助的力量。这才能为谈判打开有利于自己的局面，掌控谈判的主动权。

那么，什么是谈判的主动权呢？

在谈判中，主动权就是能够按照自我意愿引导、推进谈判的权力，这种权力会因为你的地位、环境等的变化而有所变化，同时，你能够掌控局面，引导对方做出有利于自己的选择。

比如，两家公司正在针对某商品进行交易，供给和需求是其中很重要的衡量因素。在没有其他合作对象的时候，或者即使有合作对象也不及原供给方的时候，买方的需求越大，对供给方来说就越有利，供给方就很有可能处于主导地位，掌控主动权。反之，当有很多同样质量的商品供买家选择时，就处于一种供大于求的状态，那么这时候就对买家有利，供给方就相对处于下风。同样的道理，列车要向乘客提供高水平的运输服务，满足乘客的要求；快递员要保证物品完好、准时地运送至指定地点；餐厅要提供美味的菜肴，以及良好的就餐氛围，等等。只有保证了自己的服务内容，才能得到好的评价，其需求量才会增大，而需求量越大，在谈判时对自己就越有利。

诺贝尔奖获得者罗伯特·奥曼经过研究发现，通常谈判双方对信息的掌握是不对称的，具有信息优势的一方更可能在谈判中赢得巨大利益。因为掌握更多的信息会让谈判参与者掌握谈判主动权，能够对资源配置情况做出合理改变，进而影响谈判的结果。而这一点，也被无数历史事实所证明。

罗斯柴尔德家族是控制世界黄金市场和欧洲经济命脉 200 多年的大家族，而他们成功的秘诀就在于极其重视信息和情报，这些可以使他们在金融市场中获得主动权，取得最大的收益。英法爆发滑铁卢大战之时，所有投资者都在焦急地等待着战场的消息，而罗斯柴尔德的三儿子尼桑则淡定地倚靠在交易大厅的柱子上，他大量抛售英国公债，于是，所有投资者便盲目跟风，一时导致英国公债大跌，而尼桑则在英国公债跌到最低时大批买进。结果，英军大胜的消息传来，英国公债大涨，尼桑则借此大赚一笔。而尼桑之所以这样做，就在于他的家族早已在欧洲建立了先进的情报网，他所得到的情报的准确性和传播速度都远远超过政府的驿站和情报网。当然，尼桑的高明之处还在于擅长使用欲擒故纵之术，他利用自己的影响力，让投资者们盲目跟风，让他人都落入自己的陷阱，而自己坐收渔翁之利。

虽然尼桑的手段有些低劣，但是，我们不得不承认，在这场游戏中，他掌握着主动权，并因此取得了巨大收益。可见，掌控谈判的主动权和实际情况是有密切联系的。这种主动权是你身边所有因素的集合，是你能够动用的所有力量的集合。但并不是说，有了这些力量，你就一定能够赢得谈判的最终胜利，因为这些都只是你在谈判前可能拥有的主动权的影响因素。如果仅仅通过这些谈判前的主动权就能够决定谈判中的一切的话，那么谈判也就没有存在的必要了。

那么，在谈判进行时，能够影响主动权的因素又有哪些呢？我们要怎样才能谋取谈判的主动权呢？下面有几个关键词可以方便我们记忆：

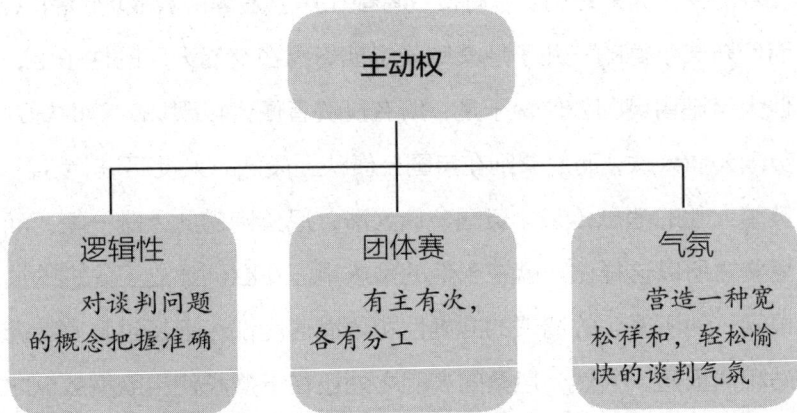

主动权

逻辑性	团体赛	气氛
对谈判问题的概念把握准确	有主有次，各有分工	营造一种宽松祥和、轻松愉快的谈判气氛

我们先来说逻辑性。谈判的逻辑性表现在说话要思路清晰，前后一致，无论是闲聊还是在严肃环境下，都要谨记自己提到过的关键词、关键数字、关键问题，前后不能矛盾，否则很有可能

被对方抓住把柄，变得被动。

我们要做的事，是通过清晰的逻辑、思路、观点，让对方逐渐从他自己的想法中跳脱出来而与我们的观点并行。这就要求我们十分明确自己的谈判目的和问题的本质。

想要做到这一点，就需要你事先把自己对谈判的分析思路进行仔细梳理：

我方和对方的利益点分别是什么？

双方有无共同利益？

问题的实质是什么？

解决这个问题的方案会不会过多地伤害彼此的利益？

……

很多有助于谈判的问题，都要事先进行梳理，并且牢记这些关键点。同时，你也要清楚，谈判虽然可以说是一个战场，但是并不一定要把对方杀死，你的目的并不是战胜对方、获得胜利，而是在彼此可以建立长久社会关系的前提下，进行自我利益的最大化。所以，你可以为自己争取尽量多的附加价值，却没有必要咬住所有的利益不放。

另外，对有无逻辑性的判断权最终是掌握在谈判对方的手中的，因为在谈判中，归根到底是要让对方能够接受自己的主张和看法，进而使双方产生共鸣，达成协议。那么，这也就需要我们从对方的角度来看待自己主张的逻辑性，把谈判中可能出现的逻辑漏洞都提前加以修补。现在，我们来看一个具体例子：

甲、乙、丙三个人都看到天气预报说今天下午会下雨，那么我们说甲、乙、丙三人今天都需要带伞。

请思考一下，这件事有没有逻辑漏洞呢？乍一看，似乎是没有什么不妥，那我们来深入分析一下。如果甲今天并没有出行计划，那么请问，他还需要带伞吗？答案很明了：不需要！乙今天要驾车去上班，且他所住的小区和公司办公楼都设有地下车库，乙可以直接乘电梯到达和离开车库，那么，乙需要带伞吗？很明显，答案同样是不需要。而丙是一名高三学生，每天都要乘坐公交车往返于家和学校之间，那么丙需要带伞吗？当然，答案无疑是肯定的。由此可以看出，在我们自己看来很正确的一个事情，换个角度、换种立场，可能就会得到截然不同的结果。在我们谈判中更是如此，可能站在我们自己这方来看，我们所要表达的内容没有任何问题，但站在对方的角度来看呢，可能我们的说法却并不能使对方信服，甚至在对方眼里，我们的说辞漏洞百出，不可理喻。因此，在我们进行逻辑性思考时，也不妨站在对方的角度上思考一下并找出解决方案，这样我们才能在谈判场上得心应手，取得所期望的谈判结果。

现在，我们再来看看团体赛，这种方式是商业谈判最为需要的。因为，凡是重要的商业谈判，往往都是团体赛——是两个智囊团之间的博弈。所以，要管理好一个团队，就需要明白主次分明、分工明确的道理。也就是说，如同戏剧一般，一场谈判需要主角和配角的相互配合，主角是核心人物，配角则要为这个核心人物服务。主角负责在重点问题上梳理思路、寻求解决方案，而配角不仅要再次表明主角的重点，或者将主角不便说的话讲出来，还要对主角可能出现的口误或者漏洞进行补救。这两种角色只有配合到位了，整场谈判才能够默契进行。

华为在进行LTC（线索至回款）的流程变革的过程中，逐步完善和夯实了"铁三角"运作模式，通过构建起立体的铁三角运作体系来支持市场的可持续发展，以提升客户体验。那么，何为"铁三角"运作模式呢？华为董事长任正非在一次会议中这样阐述：要"让听得见炮声的人来决策"；"以客户经理、解决方案专家、交付专家组成的工作小组，形成面向客户的'铁三角'作战单元"；"一线的作战，要从客户经理的单兵作战转变为小团队作战"。第一点我们暂且不做分析，单从第二、三点来看，可以看出，这两点有一个共同的特点，那就是强调了团队的作用。

首先，我们来看第二点，华为"铁三角"运作的理念是将客户经理、产品经理、交付经理等角色融合到一起。他们要一同见客户、一同办公并交付工作，在面对谈判客户的时候，他们相互配合，共同争取最大权益。同时，通过融合，大家还可以了解对方领域的知识和技能，增进互相理解，相互信任。

再来说说"小团队作战"，我们可以把它理解为面向客户的多维度立体营销手段。根据客户的类型、订单的属性派出具有针对性、专业性的"谈判小分队"，全面出击，各个击破，最终赢得订单。

华为一路走来，实现了企业的高效运营以及可盈利的增长，而这与团队的力量是分不开的。

最后，我们再来说说气氛。商业谈判要努力创造一种和谐的交流气氛。凡是商业谈判，双方都想通过沟通交流，实现己方的某种意图，谈判双方是一种对立统一的关系。因此，这样的谈判往往需要一个宽松祥和，轻松愉快的谈判气氛。一般来说，大多数人在轻松和谐的气氛中能耐心地听取不同意见，给人以更多的说话机会。高明的谈判者往往都是从中心议题之外开始，然后逐步引入正题。正是所谓"功夫在诗外"。什么天文地理、逸闻趣事、个人嗜好、小笑话，等等，都可视对方的喜恶被定为谈论的题目，谈酒可以成酒友，谈烟可以成烟友，谈网可以成网友，谈戏可以成票友。同学的同学可以变为同学，老乡的老乡可以成为老乡。某一方面的喜恶和见识都可能使谈判双方成为"知音"。如果在谈判开始时能使对方有一种相见恨晚之感，就为接下来的谈判打下了良好的基础。轻松和谐的谈判气氛，能够拉近双方的距离，切入正题之后就容易找到共同的语言，进而化解双方的分歧或矛盾。

接下来，让我们来看一个案例，从这个案例中，我们可以更充分地理解这一点。

一次，北京某热电厂厂长带队与德国某大型电力设备公司就引进先进电力设备一事进行谈判。在谈判的过程中，双方陷入了僵局，由于资金有限，我国代表倾向于主体设备从德国引进，而连接管道和部分零部件则用国产的代替，而德方则坚持应全部引进。我国代表为此很是头疼，但还是尽量保持冷静，同时他也清楚，如果在这种情况下还一直就这个议题讨论下去，只会让局面越来越僵。于是，我国代表转换了话题，说道："众所周知，贵公司拥有一流的技术、设备和产品，能够引进贵公司的技术和设备，我们感到万分的荣幸。"听到这样的赞美，德方谈判代表很是欣慰，也缓解了刚刚的抵触情绪。"如果贵公司能够帮助我们把电厂打造到国内一流水平，我们所有人都会非常感谢贵公司的。"中国代表接着说。而由于刚刚气氛的缓和，现在再说起这个话题，对方也就能够听进去了。

"您应该也知道，现在也有很多家国外电力设备公司在我国其他省份的热电厂就引进设备的事进行谈判。如果我们这次的谈判仅仅因为这一点点的小事而失败，那么不但是我们，而且更重要的是贵公司可能会蒙受重大的损失。如果这样的话那就太遗憾了。"中国代表的话貌似轻描淡写，实际上是在提醒对方，如果谈判破裂，你们不会得到任何的好处，甚至要承受重大的损失。而事实也确实是像中国代表所说的那样，这一点对方也难以置疑。

"目前，我们的资金能力有限，难以全部引进，还希望贵方能够理解，如果在我们困难的时候，贵方能施以援手，这也会为我们将来的合作奠定一个良好的基础，不是吗？"这段话说到对方心里去了，与其说是在谈生意，更像是朋友间的互相帮助，因此双方迅速打破僵局，达成了协议。

另外，交出谈判控制权也是获得谈判主动权的一种方法，通过在谈判中放弃对某些事物的控制权，进而减弱对方的威胁性，提升自己的谈判地位，逐渐掌握主动权。举个简单的例子来说，如果你是一个公司的采购人员，现在正在与某大型超市协商公司福利物品的采购问题。深知交易谈判诀窍的超市负责人提出较高的售卖价格并立场坚定，经过几轮谈判后，超市负责人仍坚持不让步，谈判迟迟没有结果。后来，你对超市负责人说："好吧，我同意您提出的价格，如果我们公司不同意这个价格，我愿意用自己的工资来支付差额，但是我的资金有限，可能需要进行很长一段时间的分期支付才能完成了。"这里所说的"公司不同意这个价格"，就是交出谈判中的控制权，这样就会让超市负责人明白，你们公司规定了明确的价格底线，价格高低不是你说了算的。即使你同意超市的价格，公司也不会承认，因为你所做的决定超出了公司授予的权限。此时，你就占据了谈判的主动权，为了达成这笔交易，超市也就只能让步，降到公司所能接受的价格了。

第二章

不要在立场上讨价还价

要原则谈判，不要立场谈判

人与人之间的距离越近，冲突就可能会越多。随着矛盾冲突的增多，需要谈判的场合也就越来越多。正如某个冬日早晨发生的那一幕，你正处于青春叛逆期的女儿拒绝穿上臃肿的棉衣，即使外面天寒地冻，但她仍坚持要"美丽"而不要"温暖"，而你则想尽办法让她听从你的劝说，最终一个小时甚至更长的时间才能让这个少女不情愿地就范。尽管谈判时刻会发生，但要谈出你期望的结果却并不容易。如何进行有效的谈判，什么样的谈判方法更能有效地帮助我们达到谈判的目的，以及我们应该如何去进行谈判，这些则正是我们要进行探讨的内容。

人们根据谈判时所持的态度，将谈判进行了分类，包括软式谈判、硬式谈判与原则式谈判。

软式谈判也称让步型谈判。其特征是谈判中的谈判者将谈判对方看作朋友，在谈判中以妥协、让步为手段，信守"和为贵"的原则，随时准备以牺牲己方利益换取协议与合作。这种温和式的谈判者总是避免发生冲突，不断地进行让步，最后发现自己被别人利用而不得不咽下苦果。听起来是不是很像公司里那个老实人和强势的老板之间经常出现的情况？强势的老板希望老实人加更多的班，而老实人虽然不愿意加班却又不想得罪老板。最后的结果是老实人会无可奈何地继续加班。

与软式谈判相对的，是硬式谈判，也称立场型谈判。其特征是立场型谈判者视谈判对方为劲敌，强调谈判立场的坚定性，强调针锋相对。把任何情况都看作一场意志力的竞争和搏斗，往往在谈判开始时就站在一个极端的立场上，并且固执地加以坚持。这类谈判者在谈判过程中很少会顾及甚至根本不会顾及对方的利益，他们以取得己方胜利为目的，立场坚定、态度强硬、绝不妥协退让。硬式谈判看似不错，但如果对手也是个硬式谈判选手的话，这种针尖对麦芒的对碰结果往往是把自己弄得筋疲力尽、黔驴技穷，双方的关系越来越糟不说，还会影响谈判的进程和谈判的结果，甚至是双方谈判终止，不欢而散，耗费大量精力却一无所得。类似的谈判似乎经常会出现在夫妻或者情侣之间。不论出于什么原因而开始谈判，如果两者都不愿意让步，那么最终往往会吵到不欢而散，甚至感情破裂。

最后一种谈判方式——原则式谈判，也称价值型谈判。其特征是谈判者将谈判对方看作与自己并肩合作的同事，两者之间的关系既非朋友更非敌人。这种谈判方式中谈判双方的关系既不像软式谈判那样忽视己方利益的获取而只强调维护双方的关系，也不像硬式谈判那样针锋相对，不顾双方的利益。原则性谈判的目的是竭尽全力在双方利益上寻找共同点，以此为基础设想各种使双方各有所得的方案。

我们将这三种谈判类型进行列表比较，分析其优缺点。

谈判类型 谈判特征	软式谈判	硬式谈判	原则谈判
与谈判方的关系	对方是朋友	对方是敌人	双方是合作关系
谈判目的	目标在于达成共识	目标在于胜利	目标在于有效、愉快地取得双赢的结果
维系关系方式	为了友谊做出让步	把要求对方让步作为维持双方关系的条件	把人和事分开，适当让步，又会保持原则
对人和事的态度	对人和事采取温和态度	对人和事采取强硬态度	对人温和、对事强硬
信任度	信任对方	不信任对方	谈判与信任无关
采取立场	容易改变立场	固守立场不动摇	着眼于利益，而不是立场
对待对方的态度	给予对方实惠	威胁对方	探讨共同利益
谈判底线	亮出底牌	掩饰自己的底线	避免谈底线
利益获取	为了达成协议愿意承受单方面损失	把自己单方面获利作为达成协议的条件	为共同利益创造选择方案

谈判特征＼谈判类型	软式谈判	硬式谈判	原则谈判
解决方案	寻找对方可以接受的解决方案	寻找自己可以接受的解决方案	寻求多种解决方案，经双方友好协商做出决定
目的	以达成共识为目的	以坚守自己的立场为目的	坚持使用客观标准，以实现双赢为目的
意志	避免意志的较量	试图在意志的较量中取胜	争取基于客观标准而非主观意愿
压力	迫于压力而妥协	给对方施加压力	坚持并欢迎理性方法，只认道理，不屈服于压力
立场	立场谈判	立场谈判	原则谈判

　　从以上的列表分析对比不难看出，原则谈判在软式谈判和硬式谈判的基础上扬长避短，强调公平和公正。这种不温和也不强硬的谈判方式基于使双方尽可能实现双赢的目的，当事双方彼此不在立场上计较，而是基于道理与原则进行谈判，对人温和，对事客观，可以让谈判双方都得到各自想要的结果，同时，又能保

护自己不被对方所利用。也正因如此，这种谈判方法可以被用在各种场合，可以是你和妻子商量去哪儿度假，或者和她谈如何进行离婚时的财产分割，甚至是经济诉讼案、商业合作谈判。任何人都可以使用这种谈判方式来解决问题。

如果单纯地从谈判的目标出发，任何一种谈判手段都可以达到我们需要的结果，但是其他的谈判方法会在立场上纠缠不清，使双方无法完成以下三个基本准则：（1）是否有达成共识的可能，是否能够达成双赢的协议；（2）谈判是否有效率；（3）谈判是否增进或至少不损害双方的关系（双赢的协议就是指在谈判过程中协调双方的利益冲突，尽可能保障谈判双方的合法利益，最终达成双方都获利的协议，这种协议的持久性强，并考虑了社会效益，是谈判的理想结果）。

纠缠在立场上，谈判的双方就会因各自的立场不同而讨价还价，越是保护自己的立场，立场就越坚定，就越想让对方同意并站在自己的立场上思考问题，之后便死守住自己的立场，直到把自我形象上升到自我立场的高度，这样的谈判也就变成了维护自我形象的过程。把之后的行为与之前的立场联系起来，双方的谈判就从最初的就利益达成共识而变成了颜面之争。

让我们一起来看这样一个故事：

刘杰的妻子丽丽希望在情人节收到刘杰送出的情人节礼物，她希望能和刘杰在情人节时出去旅游。而刘杰希望在情人节那天带她出席一个聚会，因为他答应了朋友会和妻子一起出席好友举办的情人节聚会，于是刘杰拒绝了妻子的提议。之后他们开始讨论如何度过这个情人节，然而，讨论的过程并不愉悦。因为丽丽觉得刘杰没有和她商量就擅自做出决定是很不尊重她的表现，刘杰并不体贴与爱护自己，之后便开始不停地列举出平常生活中的琐碎小事，以致争吵不断升级，之后，她又站在维护自己家庭地位与形象的立场上与刘杰展开辩论。而刘杰则觉得自己一家之主的地位受到了挑战，也开始从妻子不可理喻的思想出发，与她辩论。最终的结果可想而知，二人谈判破裂，不欢而散。其实，刘杰和他的妻子都没有想明白一个事实，那就是他们的初衷，都只是希望和对方度过一个美好而又浪漫的情人节罢了。

从这段不怎么开心的经历中不难发现，当双方的精力投入到立场上时，各自关心的问题——如何度过情人节就被忽略掉了，达成共识的可能性也随着立场的改变而变小了。最后谈判的结果只是机械地反映出各自最终的立场，而忽略了双方最初真正考虑的谈判话题，结果自然也不会让双方都感到满意。

然而，这件事并没有结束，毕竟刘杰的妻子丽丽的气还没消，而情人节还要过。作为绅士，刘杰先让自己冷静下来，开始安慰妻子，等她平静之后又和她谈论如何度过这个情人节。当他们彼此妥协达成一致的时候已经是深夜了，此时，两个人都已精疲力竭，毫无过节的兴致。经过多次立场的转变，二人也终于找到一个妥协的办法。但这个过程消耗了太多的时间和精力，这也就是纠结在立场上而导致效率缺乏的典型。然而，情人节虽然过去了，但两人的结婚纪念日快到了……没错，为了如何度过结婚纪念日，刘杰夫妇又经历了这样一次痛苦的谈判过程。而在这次谈判的开始，丽丽就显得十分抵触，因为在上次谈判时，刘杰曾经对她说："我是绝不会让步的，除非和我一起去聚会，否则这个情人节就别过了！"

当一方看到自己的合理要求由于对方的强势而得不到重视时，负面情绪往往会占据上风，这样只会使双方的矛盾加剧，将双方推到完全对立的立场上。而这种纠缠在立场上的谈判无疑会影响双方的关系。

当然，可能还会有更坏的情况存在：他们之间的谈判牵扯到更多的人，比如刘杰的岳父岳母、刘杰的父母、刘杰和丽丽的朋友们。结果不会因他们的加入而变得容易，只能是更加糟糕。

那么，如果从一开始的谈判中刘杰就做出让步呢？结果是否会变得更好呢？

不，事实并非如此，如果一直向妻子妥协，刘杰就要牺牲掉自己的钱包了，所以，这并不是最好的解决办法。他们其实应该尝试第三种方式，那就是原则谈判。

原则谈判是个通用性的策略，它与其他的谈判方法最大的不同在于，无论谈判中需要解决的是一个问题还是多个问题，是一方参与谈判还是多方参与谈判，无论是有程序的还是无程序的，无论对手是有经验的谈判者，还是无经验的谈判者，原则谈判都不会让谈判过程因此更加艰难，它会最大程度的简化谈判，使谈判变得容易，结果变得明朗。

谈判有两个层次，简单的层次就是解决实际问题，而更深一层则是关注解决实际问题的程序。你可以把它看作"游戏中的游戏"，如果你谈判的目的是希望得到更多的薪水，那么你采取的谈判方式会决定你的薪水标准，也会有助于建立游戏规则，使得原有的谈判方式继续保持下去，而你的下一次加薪谈判仍然可以依照此规则进行。这就是我们所探讨的谈判方法——原则谈判。

依照原则式谈判的思路，美国谈判专家罗杰·费希尔和威廉·尤里曾对谈判过程的关键点重新进行了诠释，具体如下：

关键点一：人

原则谈判——将人与问题分开

关键点二：利益

原则谈判——集中在利益上而不是在立场上

关键点三：方案

原则谈判——创造对双方都有利的交易条件

关键点四：标准

原则谈判——坚持客观的标准

这四个问题，我们都将在后面的章节中进行详尽的探讨。

对事不对人

人人都知道，谈判是一项合作。想要一起解决问题，就需要谈判双方相互理解、保持冷静、有分歧而不往心里去，可要想真正做到这一点，难度也是相当高的。

某网络游戏公司一款新游戏的推广效果不是很好，为了提高效益，企业高层们坐在一起进行了一次谈判，希望能够找到提升推广效果的办法。

负责宣传推广的主管说："游戏质量不够，客户体验欠佳，所以推不出去，如果想要公司发展下去，就必须把游戏质量提上去。"紧接着负责产品开发的主管说："是推广无方导致游戏下载量过低，这和我们的游戏质量无关。"接着整个管理层之间就会进行无休止的争吵、推卸责任与互相指责。

这种情况下，如果总裁是做游戏推广出身的，那么宣传推广部就会比较强势，他们的意见也会受到足够的重视；但如果总裁是产品开发部出身的，那么宣传推广部的人就可能会像个受气的"小媳妇"了。

那么，这个案例告诉我们什么呢？

不必着急说出答案，接下来，我们再来看一个案例：

通用电气集团原董事长兼首席执行官杰克·韦尔奇曾采用"冲突对抗"制度对通用电气公司进行管理。简单地说呢，这套办法就是在产生分歧的时候，想办法让和自己有不同意见的人举手发言。如果双方的意见一直不能达成一致，就要从公司内部找第三方来担任裁判，然后双方根据事实表达自己的意见看法，再由裁判来裁断谁才是正确的。当然，使用这个方法前提是所选择的第三方能够做到公正客观，不偏不倚。

那么，这个案例又告诉了我们什么呢？

谈判的气氛，或者谈判参与者的情绪，都或多或少会影响到谈判的进程或谈判的结果，那么，依照原则性谈判的法则，要让大家脱离纠结立场的怪圈，似乎可以尝试将谈判置于一个较为友好的气氛下，在各方心态都比较平和的时候，谈判中的难题才更容易解决。

对事不对人，就是为了达到这一目的而诞生的原则。对事不对人，就是将人际关系和谈判的实质问题分开，只是就事论事，而不是就人论人、就人论事，不为对方在谈判过程中表现出来的人品、使用的策略等因素所影响，而是就如何解决这个问题来讨论和分析。这是一种客观的态度，也是促成问题合理解决的有效方法。如果是对人不对事，那么情绪变化就会很强烈，强烈的个人情绪和主观思维必然会影响言论和判断的自由和正确性，这样，双方互相抵触，互相防范，就会忽视对方合法合理的利益，最终影响谈判进程甚至结果。所以，对谈判各方都比较有效的策略就是，视彼此为合作者，大家一起冷静地去寻求对双方都有利的公平协议。

对事不对人就是将目的放在促进事情有效发展的过程中，同时注意自己的情绪，不把对方的否定意见引申到人格人性等层面的方式。对事不对人的原则可以有效缓解谈判中的紧张气氛，具体的操作方式如下：

第一，发展移情法。

移情法的核心是，如果我们能客观公正、人事两分地对待问题，而不将个人情绪或情感掺杂在解决问题的过程中，那么也许达成共识并不是什么困难的事情。作为一个具有战略眼光的谈判家，我们应当意识到，谈判者首先是人，是人就会有自己的情绪和感情。能够控制自己的情绪和感情，是一个谈判高手所应该具备的素质。

甲和乙因为鸡蛋应该从大头打破还是从小头打破的问题而争执不下。他们总以为引发争吵的原因是事物或事件本身，于是他们开始仔细地研究历史，追根溯源，想要找到引发两人争端的根本原因，并根据这个原因找到解决办法。可事实上，这时的冲突不在于客观现实本身，而在于人们的思考方式上。

尽管寻求客观事实十分有益，但最后构成谈判的问题并不是这些事实，而是双方对于事实的不同认识。站在对方的立场上，进行换位思考，才是解决问题的真正契机。

但单纯地换立场是远远不够的，还需要站在对方的立场上去思考对方的不同利益。一次很激烈的争执，也许起因仅仅是双方对利益的出发点定义不同而已。

可事情往往会比书中描写的复杂得多，因为人们在谈判中坚持己见，除了所坚持的问题或者利益之外，还有面子问题，谁都不想在谈判中表现出弱势，不是吗？那么，如果改变一下措辞，或者换一种形式，使谈判看上去公平一些，让对方不会觉得自己很丢面子，也许他们就会欣然接受了。说起保全面子，这是一个无论在东方还是西方的谈判中，都很重要的一点，因为没有人喜欢自己的自尊心受到伤害。任何人都想得到他人积极正面的评价，能够公平公正、合情合理地处理双方所面对的问题。如果忽视了对手的面子，那么也就不要指望这个谈判能取得什么让你满意的结果了。

第二，正确地看待情绪。

人是非常感性的生物，每个人都有自己独特的情绪。可是人们在处理公司及国际交往事务时，往往会忽略这一基本的事实，我们会忘了对方是活生生的人，而不是什么机器或者什么抽象的概念。正在和你进行谈判的对象拥有着自己的感情和感受、独立的价值观、不同的背景和看问题的角度。他们有时会让人难以琢磨，甚至无法判断谈判的结果。正确地看待情绪，会让你在谈判中拥有更大的优势。

谈判中，特别是在激烈的争执中，情绪本身也许比说话更重要。情绪波动会使谈判迅速陷入僵局甚至致使谈判破裂。并且，情绪是会感染的，一方的情绪会感染另一方，而双方情绪都处于较大的波动状态时，谈判往往就以失败告终了。恐惧会引起愤怒，而愤怒也会带来恐惧，无论是恐惧，还是愤怒，相信最终的结果也都不是我们所想要看到的。

要知道，在谈判中试图压制对方的情绪并不是什么明智之举，而正确的做法是：允许对方将情绪表达出来。试着把自己的情绪表达出来，并承认有情绪是正常的。试着诱导对方表达出他的情绪，并尽量表示理解和安抚。比如，你可以说："我们感觉受到了不公正的对待，所以感觉心烦意乱。我们害怕对方会不依照约定行事，那样我们可能会蒙受巨大损失。"或者"我理解您现在的心情，如果您感觉有些郁闷或生气，您可以表达出来。现在，我们可以不是谈判的对手，请把我当成您的朋友，您可以向我倾诉或抱怨，而我保证不会因此而对我们接下来的谈判有任何偏见或不满"，等等。只有从埋在心底的情绪包袱中解脱出来，才可能集中精力思考问题。

第三，加强沟通。

沟通是聪明的谈判者所必须掌握的手段之一，良好的沟通能够让你与对手产生很好的合作基础，也是你获悉对方诉求的手段之一。

在谈判中谈判者容易陷入一个误区，那就是主动进攻，你总是不停地说，希望将对方的话压下去，希望通过这种方式向对方灌输更多的思想，并以为用这样的方式可以占据谈判的主动权。可事实往往并非如此，在谈判的竞争性环境中，你说得越多，你的对手就可能会越排斥，他们能接收到的信息也就越少，能被他们记得的信息也就更少了。如果在有限的谈判时间里，你的发言占据了大部分的时间，那么对手的发言时间就会被不断压缩。但是，要知道，对方也有一肚子话要说，被压抑在肚子里说不出的结果就是，他们会延迟谈判或者很难接受你给出的条件，导致谈判不断延期甚至谈判破裂。

因此，最好的沟通技巧，是用耳朵，而不是嘴巴。让对方把想说的都说出来，一方面，他们会感觉心情舒畅，有利于营造一个和谐的谈判环境；另一方面，压抑在心底的话都说出来之后，对方就会像一个泄了气的皮球一样，少了锐气。再针对对方所提出的内容组织反击时，对方就会因为缺少后手而无法抵抗。由此可见，善于倾听的耳朵，同样也是发现对方破绽和真实意图的关键。当然，这里所说的倾听，绝对不是敷衍应付地听，而是要认真聆听，要"听进心里，听进脑子里"。对方的发言就像是零散的拼图一样，只有认真倾听，并将其中的有效信息加以整理分析，你才会发现问题的本质，为你接下来的"反击"蓄力。从另一个角度来看，如果谈判双方不能准确理解对方的利益出发点、目的等，那么谈判也难以推进。如果不能认真倾听对方的表达，你将无法获得谈判背后的这些有用信息，甚至对对方的意思造成误解，最终导致谈判难以继续甚至失败。反之，如果能够认真倾听、有效倾听，就会增进双方对彼此的了解，甚至取得事半功倍的效果。

善于假设

假设，是谈判中的重要环节。

所谓假设，就是"假设的事实"，假设过去发生的、现在存在的或者未来可能出现的。

在谈判的过程中对未来进行假设，是达成原则谈判，不在立场上纠结的良好方法。因为在进行策划的时候，假设可以有效地帮助谈判者明确谈判过程中关于人的因素、关于利益的因素、关于方案的因素、关于标准的因素等。并针对以上因素制订周密的方案。

假设是人思考的一种习惯，我们常常会习惯性地做出假设，假设需要发挥创造性思维，因为假设并不像数学公式，它是累积了人生的经验，以及听到的、看到的各种资料而下的判断。譬如，假设会拿到购买的物品和找回的零钱，我们才会付钱给收银员；乘坐火车时，我们假设我们会按时到达目的地；来到一个陌生的城市时，我们不知道如何去往已经预定好的酒店，但我们假设只要跟着导航的路线走，就会安全到达酒店。

如果我们事事质疑，总要知道为什么，则没有任何事是可以做好的。但事事都相信假设，也是不科学的，所以，我们需要放弃或者修正那些错误或是不准确的假设。在周期性的求证过程中，完成我们的既定目标。

谈判之初我们就会预设己方对于本次谈判的假设，猜测谈判对方可能的假设，不能准确调整己方的假设，揣测对方的假设，就会使自己处于被动挨打的局面。因此，善于假设，对谈判至关重要。那么，让我们来看一个例子：

小琴是一名刚刚毕业的大学生，她现在面临的最大问题就是找到一份理想的工作。一天，她收到了某国有企业的面试通知书，她感觉十分兴奋，但充满担忧。毕竟她刚走出学校，对面试中的很多情况都不是很了解，她不知道自己在面试中会如何表现，而她的表现又会直接决定她能不能进入这家公司。于是，她向自己的大学导师请教。导师和她来到教室，并开始模拟了面试的场景，对她提出一些面试中可能会遇到的问题，并对她回答的方式、表情甚至是语气等都进行了一番指导。有了这一次的演练，小琴似乎变得有信心了。第二天，她来到面试现场，行为举止都十分得体，更幸运的是，面试官与她谈论的问题都是前一天模拟过的，这让她信心大增，回答起问题来也淡定自如，进而获得了面试官的赏识。最终，她成功进入了这家公司。

由上面的例子可以看出，做好假设会让我们的谈判事半功倍。但需要注意的是，假设在某种程度上，是基于看不见的证据，因此很难解释是合理的或不合理的。我们利用假设来分析、解释所面对的千变万化的事物。我们将接收到的信息，经过自己的解释，做了第一个假设。并且相信它是对的，直到被证实是错的之后，我们才会改变观念。比如我们根据敲西瓜的声音来判断这个西瓜成熟。假设被敲打时发出沉闷的"砰砰"声的西瓜是成熟的，如果切开后确实成熟了，这个假设就成立。如果西瓜并没有成熟，那么这个假设就不成立。当然，水果店的老板可不会同意你把每个西瓜都切开之后，才去购买。因此敲西瓜的声音就成为我们挑选西瓜时的判断标准，并从经验中修正错误的观念。

当然，我们根据经验做出的假设很有可能是错误的：没有确切的事实作为根据的假设，总是带有冒险性。比如那些不自觉的假设。

那么，什么是不自觉的假设呢？举个简单的例子就可以解释。

某人向教育局打电话举报某寄宿制学校看管不严，虽然该校一直对外声称除节假日休息外，禁止学生出校门，但他经常能看到晚上有人走出学校，而且门卫不加制止。很明显，此人将晚上出校门的人假设为学生，但事实上，每天晚上出校门的是上完晚课的老师。此人无意识的假设使自己偏离事实。

错误的假设会使谈判的双方陷入误区，浪费许多时间在查明被误解的事实真相上；而正确的假设则会使谈判力大幅度地增加。谈判者如果能够保持清醒，不断从不同的角度来观察，就能探求事情的真相，避免陷入错误的假设当中，进而在谈判中处于有利地位。因为一旦证实自己事前所做的假设无误的话，就可以立即运用已制定好的策略展开反击。

正确的假设对谈判的帮助非常大，如何做出正确的假设确实是个令人头疼的问题，因为没有一种法则可以作为设定正确假设的依据。经验可以帮助我们做出正确的假设，却不能百分之百地有效。如何才能提高假设的准确度呢？

首先，假设要根据事实。

事实为假设提供基础和支撑，假设的提出有赖于事实作为根据。对事实的获知量会对假设的正确率产生影响，事实获知得越多，就越有可能做出正确的假设。

其次，做有把握的假设。

在假设的基础上，再次进行假设。这就好比是建造没有打地基的房子一样，是非常不明智和危险的。虽然之前的假设也许是有事实根据的，但这个假设并未被证实，也就是说假设仍然有失败的可能性。那么缺乏事实基础，以假设作为另一个假设的基础和支撑，假设成立的可能性也就微乎其微了。

最后，不要轻易放弃原先的假设。

谈判的过程中真假难辨，尤其是面对精明强干的谈判者时。对手极有可能会看穿你根据事实所做出的假设，并想尽办法愚弄你，让你误以为假设错误，进而扰乱你之前拟定的谈判战略。这种时候，就要坚信自己所作的调查，相信自己根据事实所做出的假设，不要去理会对手的干扰，继续执行之前制定的战略。

▌不要设定对方的意图

在上一个小节中，我们讲述了在谈判策划阶段中谈判方所需要考虑的因素。其中关于人的问题，是尤其重要而突出的。因为人是谈判中最复杂且多变的因素，许多谈判会因为人的变化而产生微妙的变化。

假设谈判双方陷入尴尬或艰难的境况，该如何化解呢？假设彼此间出现了认知上的差异又该如何解决？假设情况恶化到出现了情绪上甚至是肢体上的冲突，又要怎么办呢？

如果放任这种情况继续恶化下去，那么有关"谁的意图如何"的话题就会变成在谈判过程中双方辩驳的核心内容。这样的谈判一旦继续下去，就和立场谈判中互不让步、互相攻击的过程没有什么区别了。如此看来，如何有效地在谈判过程中管理好意图，是促使谈判双方走向原则谈判，不再纠结立场的关键点之一。

什么是意图？

意图，就是所希望达到的某种目的。设定对方的意图，会在很大程度上影响我们的判断，比如，当我们固执地认为某人会做一些伤害我们的事情时，我们对待他的态度往往会非常不友好。

所以，在这种情况下，我们要做的就是不要轻易设定对方的意图，让矛盾与意图无关。

当我们认为某人丝毫不顾及自己的行为会对我们造成影响时，我们会为此对他们产生愤怒；当别人给我们造成了麻烦或不便，但对方能说出一个合乎情理的理由时，我们通常都会表示理解和接受。尽管两种情况都会对我们造成影响，但是我们的反应却相差了十万八千里。在谈判的战争中，我们总认为对方是故意伤害我们，尽管对方并没有承认。这样我们与对方之间的关系就会陷入一个恶性循环，并且根本不知道如何才能打破这一循环。我们没有意识到，这个过程中，有两个错误——我们错误地猜测对方的意图；而对方也没有花时间了解他的所作所为给我们带来的感受和伤害。

那么，这种情况又是如何产生的呢？我们又是如何从理智变成主观猜测对方意图的呢？

从现实来看，其他人的意图只会出现在他们自己的头脑之中，我们不可能真正了解，我们只是通过自身的感受和观察来假设对方的意图。但假设会受我们自身因素的影响，我们基于对方的行为对我们造成的影响，做出关于他们意图的假设。然后，我们往往会用最坏的假设来猜测对方的意图，认为他们想伤害我们；认为他们有意冷落或轻视我们。

往往这种对对方意图的假设都是在无意识中产生的，以至于我们根本没有意识到自己的这一结论其实只是一种假设而已，有时这种假设还毫无依据。我们沉浸在自己的假想中难以自拔，甚至完全相信自己所描述的对方的意图，而根本不去想对方可能是另有他意。

那么，为什么很多时候，我们关于对方意图的假设通常都是错的呢？

当你询问公交受到怠慢时，你总是下意识地认为公交车的司机在开小差；当你买到一件有瑕疵的衣服时，你总下意识地认为这是那个狡猾的售货员故意为之。我们对待自己总是会格外宽容，而对待对方则会以一种非常严厉的态度，甚至将事情的全部责任都归咎于他人。

如果我们的假设都是错的，那么某些不良意图是否存在呢？当然存在，可往往这些不良意图对我们造成的伤害要比我们想象的小得多。所以，在没有聆听对方的描述之前，我们根本无法了解他们的真实意图。

看到这里，我们能够明白，轻易地设定对方的意图会影响到我们对谈判的客观判断，包括对对方人品的了解、对语言的解释等。甚至这种错误假设他人意图的行为有可能让我们付出沉重的代价。

如果我们认定不良意图背后代表的是人的不良品性。那么我们会从不良意图延伸到这个人不是好人，我们对他人品性的判断就会让我们的评价染上浓烈的感情色彩，而这一判断影响的不仅仅是谈判，还有我方与对方的关系。我们对某人品性的评价越差，就越容易产生有意回避他的想法，而我们在背后说他坏话的可能性也就会越大。

当你发现自己有了"对方好像想要控制整个谈判场面"或"他看上去就是一个不好沟通的人"的想法时，请先问问自己：为何我会产生这样的观点？这些观点是基于什么事实形成的呢？

如果你是因为感到自己无能为力，害怕受人操纵或是害怕谈判失败而有了这样的想法，那么，请注意：你的结论不过是以对方的行为对自己所造成的影响为依据的，这些事实并不足以帮助你确定对方的意图或品性。

小李和小王是公司销售团队中的两名主要成员，同时，他们也是彼此最强有力的竞争对手。在一次新年联欢会上，公司要求每个人都要进行才艺表演，为大家助兴，小李上台唱了一首歌，演唱结束后，同事们都为他响起热烈的掌声。

这时，小李不经意间瞥了一眼坐在舞台右侧的小王，小王正用拳头捶着桌子并面露怒色。小李心想："这一定是看我表演出色，怕抢了他的风头，心生嫉妒了。哼，生气有什么用，还不是比不过我？凭什么我要受他这气呢，我一定要找他理论理论！"小李一边想，一边便怒气冲冲地向小王走去。到了小王跟前，他一拍桌子说道："比不过我就是比不过我，生气也没有用，谁让你天生就不如我呢！"小李越说越生气，越说嗓门越高，引得同事们都来劝说小李。而现在的小王像是没有听到小李说话一样，目光呆滞，似乎是在思考着什么。

这时，有一个同事跑过来拉住小李说："小李，我想你是误会了，王哥刚刚接到一个电话，说他家楼上邻居从窗户乱扔垃圾，差点就砸到正在楼下散步的王嫂，王哥这是正在为这事情生气呢！"这时，回过神的小王发现自己被小李当着这么多同事的面辱骂，心中的怒气大发，甚至要对小李大打出手，幸好被同事们及时拦下。而此后，王李二人的关系也一直处于紧张状态之中。

由此可见，错误地猜测他人的不良意图会造成极坏的后果。对他人意图的假设会直接影响我们的谈判，我们会指责对方的意图，并认为这样做可以让对方了解我们所受到的伤害，我们心中的失落、愤怒以及困惑。然后希望通过这样的方式让对方感到愧疚，纠正自己的不当行为并为自己的错误向对方致歉。如果真的这样做了，针锋相对的情绪和立场谈判就开始了。

你开的条件要高出你的预期

在开始这一个话题之前，我们先来想一想，我们在生活中是否遇到过以下这些情况：当你到一个公司进行面试，被问及自己的期望薪资待遇时，你往往会开出高于自己期望的条件；当你到服装店买衣服并讨价还价时，你总是倾向于说出低于自己期望的价格，如果你开出的价格被卖家欣然接受，你就总会觉得最终的成交价格给高了；当你参加一个等级考试时，即使只要达到及格线就可以过关，你却往往期望能拿到一个很高的分数。如果你的答案是肯定的，那么其实你已经基本掌握了这一技能，但要将这一技能灵活运用，还需要接着往下看。

那么，该如何运用这一技能，让我们在谈判中处于优势，引导谈判过程？亨利·基辛格会这样回答你："谈判桌前的结果完全取决于你能在多大程度上抬高自己的要求。"

在谈判中提出高于预期的条件可以让你有更大的谈判空间，取得意想不到的收获。

之所以这么说，道理非常简单，如果你是买家，你随时都有机会抬高价格，却很难压低价格；而如果你是卖家，你随时都有机会降低价格，却很难加价。也许一开始就开出很高甚至是离谱的条件会让你感觉有些为难。但如果换个角度，由于我们都不愿意被对方看作"有些离谱"，也许真正的最优条件可能与你设想中的相差甚远，所以我们都不愿开出可能会让对方喷饭或者直接拒绝的条件。正是出于这种心理，你很可能会降低自身的预期目标，然而，这并不是最理想的结局。

如果在谈判的开局阶段，就把条件抬到最高限度，同时又让对方觉得是合情合理的，那么你就会在谈判过程中处于优势，获得更有利于自己的结果。值得注意的是，在开出条件之后，你一定要让对方感觉到你的条件是可以商量的。

开出高于预期的条件还可能会有意外的惊喜。

当你开出一个自认为非常离谱的条件时，没准对方会非常爽快地接受。不费吹灰之力就可以获得最大利益，那又何乐而不为呢？

开出高于预期的条件可以大大提高你的产品在对方心目中的价值。

所谓"物美价廉"，这只是一种理想的说法，更多时候大家更宁愿相信"一分价钱一分货"。设想一下，如果你在申请一份工作，当你提出高于自己预期的薪资要求时，对方会觉得你是一个很有能力的人，这种做法会大大提高你在对方心目中的地位。

开出高于预期的条件可以使谈判对方在谈判结束时感觉自己赢得了谈判。

例如，甲和乙都是汽车销售商，最近他们分别进行了一场情况相似的谈判。尽管两个人最终都以同样的价格成交，但甲的谈判策略让对方感觉自己赢得了谈判，而乙的谈判方法则让对方感觉到自己吃亏了。那么，他们在谈判中都是如何做的呢？

甲在销售汽车时，故意将原价为 30 万的汽车提价到 38 万，并表示他可以为客户争取最大的优惠和最好的售后服务，但显然这个价钱让客户觉得难以接受，于是甲在 38 万元售价的基础上给了客户一个 20% 的折扣，并赠送给客户 3 次免费保养服务，客户为此而满心欢喜，最终双方以 30.4 万元的价格成交。而乙在一开始就亮出客户中意车辆的最低价格，虽然客户最终以这个价格买下了汽车，却总觉得自己吃了大亏。甲的办法在不损害己方利益的前提下，让对方觉得自己获得了最大的优惠，感觉自己赢得了谈判。

第三章

轻立场，重利益

要协调的是利益而不是立场

谈判中最大的危机，就是我们有可能会过于重视彼此的立场，因为站在不同的立场上，我们会觉得彼此是绝对对立的，一旦这个认知确定，那么，我们就会想当然地认为，双方或多方的利益肯定是相冲突的。然而，这是一个很危险的想法。这样的认知不仅会让双方处于很不和谐的交流氛围中，更有可能影响到解决谈判实质问题方案的确立。例如，我们认为某个条款是肯定不能动摇的，是神圣不可侵犯的，但其实，就客观现实来说，这个条款的调整空间还是存在的。把自己和对方置于对立的思考之中，我们就容易陷入双方或多方僵持不下的怪圈和痛苦的选择之中。但是，谈判的终极目的是满足彼此的需求和利益，而背后的利益有可能是冲突的，也有可能是兼容的。如何让双方都实现利益最大化，才是我们在谈判中要协调和解决的问题。

例如，在商品交换活动中，双方坚持各自的价格立场并不能帮助双方达成明智的交易，因为，价格立场背后还会有许多利益存在，而这些利益的存在，对于双方来说并不一定就是冲突的。双方采用什么交易表达方式；交货时间的安排对谁更有利；价格中是否包括其他费用；运输的费用必须由买方来承担吗；保险由谁办理更合适；对于卖方，付款条件是不是硬性条件；买卖双方是想签订长期合同，还是一笔交易的合同；有关商品的损耗是否包括在此合同的报价中等等。

利益是主观的，是谈判双方的需求、目标、动机、关注点等的集合。同时，利益也是达成协议的难点和阻碍，是谈判各方的关注点、动机、诱因、潜在需求和动力，是人们开始一场谈判的原因。利益和立场的最大不同是：

利益——你实际最需要的东西。

立场——你主观上主张的东西。

而很多时候，人们容易将利益和立场混淆，容易将或明或暗的主观需求认定为自己真实的利益。无论是对于自己还是对方，能够透过这些表面的主张去探究其中的实际利益，才是达成谈判的关键所在。这样，就己方来说，如果我们能够明白自己真正的利益所在，就能提出有实际意义的要求，避免理由不充分的要求，以防对方对我们的要求产生强烈质疑；而对对方来说，发掘其真实利益，其实也是开发彼此能够达成顺利解决问题的共识的前提，只有看清了对方真正想要的是什么，你才能够根据实际情况提出相关的解决方案。这就好比女性对化妆品的热衷，其实，很多女性不是热衷于某个品牌，而是热衷于这个品牌为她们带来的护肤效果。在这里，品牌就是立场，而效果就是利益。商场销售员只要认识到这一点，他们的谈判效果就会出奇的好。

立场可以是不同的，但是，获得利益的方式有很多种，只要深入挖掘，就有可能找到。

就利益本身来说，不同的谈判性质决定了不同的谈判目的，也就是说，不同的谈判想要满足的需要和实现的利益是不同的。政治活动的终极目的是政党、团体的利益，外交活动考虑的更多的是国家利益，军事活动涉及的是安全利益……这些利益本身或多或少会关系到经济问题，但是，它们本身都有一个最关键、最本质的问题需要探讨和解决，也就是说，这些问题的重心不一定都要放在经济问题上。

哪怕与经济关联性比较强的商务谈判，它所涉及的也不一定完全是经济利益。我们就商务谈判的定义来看，商务谈判是指不同的经济实体为了自身的经济利益和满足对方的需要而通过沟通、协商、妥协、合作等方式，把可能的商机确定下来的活动过程。而在这个过程当中，非经济利益的影响也是非常重要的，有时候，非经济利益的影响甚至会超过经济利益。

我们现在应该明白了，利益并不是像看上去的那么简单，也不是由谈判双方的立场来决定的。你对谈判本质问题的挖掘和分析、对谈判对方应该采取的对应措施、对解决整个问题的方案制订等，都应该从利益角度出发、考虑。

站在对方的立场上

前不久网上流行的一个段子：一辆儿童车上装有一根拱形的杆子，杆子上挂满了各种各样的小玩具，在大人的眼中，这些玩具很漂亮、很可爱，但躺在车中的孩子看到的却只是一个个奇形怪状的障碍物罢了。他们看不出这都是些什么东西，更体会不出其中的美妙与乐趣。当然，设计这些玩具的人也并没有错，只是他们没有考虑得那么周全，他忽视了孩子的视角，忽视了与我们不同立场上的感觉。

谈判也是如此，谈判的时候，因为立场不同，利益不同，很多人容易将自己的想法、意见强加给别人，总觉得自己的做法、意见才是最好的。虽然出发点或许是为了解决某些问题，但是却没有站在对方的立场上想过这样是否合适。所以当我们和别人商谈事情时，应该站在对方的立场上仔细想想，询问对方对这件事情的看法和解决这个问题的方法，而不是先自我确定标准和结论，然后再直接讲一番大道理来逼迫对方接受。

这不仅是一种谈判方式，更是为人处世的技巧。

在与对方谈判时，站在对方立场上，才能让别人觉得你是在为双方考虑，而不仅仅为了满足自己的利益。这种信任感一旦建立起来，之后很多事情就会顺理成章地进行下去。站在对方的立场考虑问题，你会发现，你跟对方有了共同语言，他所思所想、所喜所恶，都变得可以理解，在各种类型的谈判中，你都可以从容应对，要么伸出理解的援手，要么防范对方的恶招。这种换位思考的谈判方式，能给他人一种为他着想的感觉，而投其所好的技巧也常常是具有极强的说服力的。要做到这一点，"知己知彼"十分重要，唯先知彼，而后才能站在对方立场上考虑问题。成功的人际交往语言，有赖于发现对方的真实需要，并且在实现自我目标的同时给对方指出一条可行的路径。

　　某房地产开发公司新购买了一块土地，规划用于住宅小区建设，并将地基建设工作承包给一个建筑队，当该建筑队完成地基建设工作交工时，不料所完成的工作完全不符合该房地产公司的要求。由于时间紧迫，房地产公司负责人要求建筑队重新施工。但是建筑队在进行地基建设施工时完全是按照房地产开发公司的要求进行施工的，因此不想再重新进行施工，双方为此僵持不下。

　　后来，房地产公司负责人主动找建筑队队长问明原委后，便对建筑队队长说："我想这件事完全是由于当初规划不周导致的，而且还让你吃了亏，实在是太抱歉了。今天幸好有你们帮忙，才让我们发现存在这样的缺陷。只是事到如今，事情总是要完成的，你们不妨将地基稍加改造，让它变得更完美一点，这样对你我都是有好处的。"建筑队队长听完，自然也就照办了。

　　原来，在房地产公司进行地基规划设计时，忽视了该地块的土质问题，如果按照房地产公司原有的要求调制水泥砂浆，可能使地基支撑强度不够，为将来的建设买埋下巨大的安全隐患。建筑队为了确保之后的工程能安全进行而微调了水泥砂浆的调制比例。

汽车大王福特说："如果说成功有秘诀的话，那就是站在对方立场上认识和思考问题。"你与别人意见不一致时，假若能站在对方的立场上认识和思考问题，你也许会发现自己错了。如果你肯主动承认错误，就会使矛盾很快得到解决，还能赢得他人的喜欢。

很多人误以为在谈判时，应赶尽杀绝，毫不让步。但事实证明，大部分成功的谈判都是在和谐的气氛下进行并达成的。在相同的交涉条件下，站在对方的立场上去说明，往往会更有说服力。因为对方会感觉到：达成交易的前提是双方都能获得预期的利益。

再让我们来看一个小故事吧。

约翰和朱迪是一对情侣，他们相约周末一起去逛街，并约好在商场见面。当约翰来到商场时，他看见商场正中央立着一个庞然大物，"这是什么？这个大柱子真奇怪，真搞不明白商场的负责人是怎么想的，他怎么会把这么丑陋的东西摆在这么显眼的位置上。"正在他这么想的时候，女友朱迪突然给他打来电话，在电话中，女友兴奋地说道："我的天啊，你猜我在商场中看到了什么？是一朵巨大的玫瑰花，它简直太美了，设计这朵花的人简直是一个天才，我真是太喜欢这个设计了！"此时的约翰听得简直是云里雾里，"难道我们没有在同一家商场？"他很是疑惑。这时约翰抬起头，发现了对面正在开心地招着手的女友。他示意女友过来，两人汇合后，约翰很是无奈地对女友说："我想你是疯了吧，这么丑的东西，你为什么会觉得美呢，真的是难以置信！""什么？怎么会是我疯了，一定是你的眼睛出了问题！你完全不懂审美，这是多么美妙的装饰物，你竟然说它丑。天呐，我们简直不是一路人。"女友撂下这样一句话便离开了，只留约翰一人在原地发呆。"问题到底出在哪里了呢？它明明很丑啊，难道真的是我审美的问题？"约翰想着，不经意抬了下头，他看到女友来时的位置，突然想到了什么。他快步走上二楼对面，当他站在那里再次看向这个装饰物时，突然明白了："原来我们的审美都没问题，有问题的是我们的位置啊！"

原来，位置是如此的重要，站在不同的位置上，所看到的景观就不同，甚至会截然相反。同样，谈判也是一样，站在不同的立场上，思考的问题自然不一样，所代表的利益也不尽相同。那么，如何让双方能相互理解，达成合作呢？这就需要站在对方的立场上，从对方的角度去思考问题了。顾及对方的利益，谈判自然就会顺畅得多。

利益潜藏于立场之下

利益是可以通过很多捷径去满足的，它需要更深刻的思考，但是立场则是最显而易见的。对立的立场背后不止有冲突的利益，也有更多其他利益，所以，协调利益而不是在立场上妥协才是行之有效的。

立场是明显的，但是，最关键的利益是隐藏在立场之下的。尤其是在谈判中，可能对方没有发现这个能够让双方达成共识的利益。而这时，我们就应该把它找出来，并且就此提出各种解决方案。利益是谈判者最本质的关切、需求和忧虑，而立场只是一种外在表现形式而已。很多立场看上去是单一的、对立的，那是因为我们没有看到解决利益的多重途径。利益其实是可以多元化的，这也就意味着作为利益外显形式的立场也并不是不可动摇的。这对我们的思考视野有很大的要求，那就是我们不能仅仅将谈判理解成面对面的语言交流。事实上，谈判是一个过程，一个思考和行动的过程，对这个过程的思考就意味着我们需要用更宽泛的视野去看问题。

下面我们来看一个例子，看看如果单纯地从立场出发，我们的谈判会是怎样一种情况？小张是一位公司白领，有一天，她在逛街的时候看上了首饰店里的一条项链，便与店员去讨价还价。

小张：您好，请把这条项链拿出来让我看一下，谢谢。它很漂亮，请问，这条项链怎么卖呢？

服务员：当然可以，我这就拿给您，您真有眼光，这条项链可是我们的镇店之宝，您看这做工和材料，这可都是一等品呢。别说，这条项链和您的气质很是相配呢！你看这吊坠，镶嵌的可是顶级的红宝石，再看这设计……它不仅美观，还有很高的收藏价值呢。这条项链的售价是 98000 元，可能听起来有些贵，不过就它的收藏价值来说，还是很值的。

小张：额，这个……太贵了，我可能负担不起它。

服务员：那您看看这个吧。（指向另一条项链）这条比较便宜，才不到 5000 元。

小张：我还是更喜欢这一条，但是这个价钱太贵，实在是有些超出我的消费能力了。

服务员：既然您这么喜欢这条，我可以和店长商量一下，给您打个八五折。

小张：八五折也还是太贵了！还能再给优惠一些吗？

服务员：实在是抱歉，真的不行了，这已经是我们店中能给的最大折扣了！

小张：好吧，那就先算了吧，还是很感谢您。

在这样的对话中，谈判双方将重点放在数字本身，这种以最明显、最便捷的方式快速达成交易是比较适用于一次性完结的谈判（多数或许是没有下一次合作机会的）。但是，对于更需要建立长期关系的价值型谈判，这种显而易见的讨价还价策略的影响效果就不是很强了，这种谈判需要使用到更关注立场之下隐藏的利益的方向策略。

就以上的对话为例，它可能会有两个走向，即"成交"或者"不成交"，如下面的路线图所示：

①顾客看中某种商品→询问价格→顾客接受当前价格→成交；

②顾客看中某种商品→询问价格→价格太高，顾客难以接受→推荐其他价格适中产品→顾客接受推荐产品→成交；

③顾客看中某种商品→询问价格→价格太高，顾客难以接受→推荐其他价格适中产品→顾客不接受推荐产品→给中意产品折扣→顾客接受折扣价格→成交；

④顾客看中某种商品→咨询价格→价格太高，顾客难以接受→推荐其他价格适中产品→顾客不接受推荐产品→给中意产品折扣→顾客不接受折扣价格→不成交；

为什么会有这样的路线图呢？我们可以来解释一下。

最后如果小张以10000元的价格买下了她看中的那条项链，就说明这个价格是控制在合理范围之内的，这是比较简单，也是比较常见的成交方式。但是，如果小张最想要的那条项链的价格已经降到了首饰店的底线，小张也还是无法接受的话，那么服务员可能会采取这样的措施。我们可以来设想一下他们的对话。

服务员：女士，我真的已经把价格帮您压到最低了，像这样等级的红宝石项链卖出这样的价格，在全国也称得上是最低价了。真的没骗您，如果再低的话，我们就得赔钱了。

小张：真是太遗憾了，这条项链不错，但是价格实在是我承受不了的，那就先算了吧。

服务员：嗯……女士，方便问您一下，您买这条项链是做什么用的呢？是自己戴，还是送给别人呢？

小张：这个呀，其实我是想给我母亲买一条项链。我还从来没有送给过她什么正式的礼物，过几天就是我的生日了，我想在生日的时候送给她一件比较珍贵的礼物。当然，买这件礼物的前提是我可以负担得起。我看这条项链很漂亮，她平时最喜欢这种闪闪发光的东西了，所以我想买她一定很喜欢。

服务员：噢，是这样啊！那也就是说，您不一定非要买这条项链不可呀。说来也巧，我们店里最近正在搞活动，推出了"首饰DIY"活动，您只需要在我们这里买上制作首饰的材料，我们的店员就会免费教您制作。来，我带您看一看吧。这里有很多种材料，有上等的珍珠、小钻石、玛瑙、翡翠等，您可以任意选择，全部材料下来，也不会超过3000元。而且您不觉得自己亲手做的礼物还更有意义吗？您可以试一试，您看，这里还有一些顾客做出来的成品，是不是也很精美呢？您考虑一下。

小张：您说的好像很有道理，如果我能亲手给母亲做一条项链，她收到后一定会非常开心的。

服务员：对啊，而且，相对于买一个成品，自己做的才更有价值、更有意义，要知道，这里面倾注的可是您对母亲满满的爱与尊敬啊！

小张：嗯，是呢，那我来挑选一些材料吧。要一些这种紫色的珍珠，对，就是这个，还有这个，这个……好了，就这些，帮我算一下价格。

服务员：好的，女士，一共是2800元，这可比那条红宝石项链便宜多了，而且，就意义而言，自己做的这一条的价值已经远远超过了那条，不是吗？

小张：嗯，那就这样定了吧。

服务员：好的，女士，请跟我来。

我们可以从上下两段对话里面看出一个很不一样的信息，那就是这两段对话虽然都有从一样商品改到另一个商品的技巧，但是，第一段对话明显没有探查到对方的真实需求和利益所在——给妈妈买一份珍贵的礼物。而在第二段对话中，整个交易过程明显就顺利了很多。因为在第二段对话中，双方的关注点不再是价格本身，而是顾客的实际利益需求。所以，只停留在表面立场（你我只是买卖或者交易关系）上，有些问题是很难解决的。而深入到潜藏在立场之下的利益，问题的实质也就浮出水面了，这个时候，我们解决起来就会顺利很多。

立场对立也可以找到共同利益

对立的立场背后不仅有相互冲突的利益，也会有共同利益。我们通常会这样认为：对方的立场与我们的背道而驰，他们的利益也一定与我们的格格不入。如果我们的利益是要保护自己，那对方就一定是想攻击我们。如果我们希望水果店的水果尽可能便宜，对方一定会使劲把水果价格往高里抬。如果我们想要提附加价值，对方一定会打击这个要求……其实在大多数谈判中，只要仔细考虑潜在的利益需求，就能发现双方共同或可调和的利益要远远多于相互对立的利益。这就需要我们尝试着哪怕在立场对立的情况之下，也要学会找到共同利益。

如果我们在谈判开始的时候就设定了彼此的立场——我们的利益是有冲突的，我们根本就不可能站在同一条战线上，对方要做的事情一定是我不能做的等等。如果我们一开始就这样想的话，那么，这种互不相让的态度就可能让整个谈判无法顺利进行，甚至是全面瘫痪。美国极负盛名的管理作家罗莎贝斯·莫斯·坎特指出，"把你的竞争对手视为对手而不是敌人，将会更有益。"谈判存在的条件是非常复杂的，我们不能说彼此是完全对立的，当然，我们也不能轻易说我们一定可以达成共识。事实上，利益的情况很复杂，谈判条件的情况也很复杂，而我们要做的就是在这种复杂的环境中，将可以进行谈判的共同基础优先考虑——将明显的共同利益、潜在的共同利益放在首位，而将那些可能让谈判恶化、明显会引起冲突的问题居后。努力与对方在一些不重要的问题上取得一致意见，从而缩短谈判双方的距离。或者设法在其他问题上达成协议，使双方对立的主要问题出现有可能让步的征兆。

当你找到了双方或多方的共同利益时，还要试着将你发现的共同利益点进行聚焦和放大。把这种共同利益放在谈判桌上，强调你和对方并不是完全对立的，甚至是处于同一平面上的。你的行为就是在告诉对方——我和你在立场上并不冲突，至少并不完全冲突，我不会阻碍你满足自己的需求，但是请你也不要来阻碍我，我们是可以通过合理的方案来各取所需的。

例如，一个不知名的艺人希望通过和某大品牌服装企业合作，"借助大品牌服装的品牌效应提高自己的知名度"，达到其中长期利益目标。而某大品牌服装老板则认为该艺人知名度较低，对合作存在一定顾虑。这时，如果这位艺人能够给予对方一些短期利益，比如较低的代言费用，帮该品牌寻找好的广告位等，就可能引起该品牌服装企业的兴趣，在该企业受益之后再与之谈判，达成合作协议的可能性也就大大提高了。否则，如果双方都只是从自己利益最大化的角度来考虑合作问题，那么就根本不可能达成共识。

有共同利益的可能性总是存在的。寻找共同利益就是通过建立一种互惠互利的关系，或者有创意性的解决方案来满足彼此的需求。能够找到共同利益对谈判双方来说肯定是有益的，从理论上来讲，这是一定的。但是，放在实际中呢？我们要怎么去发现、创造和运用共同利益呢？

我们都知道，有一些利益并不是显性的，也就是说，有些能够促使谈判成功的利益点不是可以一眼看到的，它往往需要更多的思考和分析，以及对谈判全局的掌控等。比如，你在谈判的时候应该经常问问自己以下问题：

对方为什么会提出这样的条件？

对方为什么会有这样的需求？

我们是否有共同利益存在的可能性？

我们的合作是否具有可行性？有多大影响？

如果谈判搁浅，那么双方会有什么损失？

是否有一个看上去公平公正的第三方、数据、资料等让双方或多方都可以相信？

……

当我们做了这样的心理准备后，还要明白，共同利益不是从天上掉下来的，有时候除了分析，甚至还需要你自己主动去创造，需要你自己把共同利益具体化并面向未来。简单地说，就是你可以提出一种未来性、预期性的条件来满足双方的利益，提出一种美好的蓝图，找到一种可以促成谈判的双方或多方的共同利益。比如，在签订某项商务合同的时候，你承诺5年内使双方的收入增长十倍。这个条件可能并未成立，但是可以作为一个预期，是实现共同利益的动力。

为了着重表现共同利益，我们也要对共同利益给双方带来的便捷性、利益最大化等方面做一下"宣传"，我们不仅要强调共同利益，也要强调共同利益给对方带来的真正好处。我们需要暗示对方，我们的合作将是愉快的，你的决定将是正确的。尤其是要抓住你们明显的差异性，也就是所谓的"对立立场"，差异性的存在就说明你们有可能会有提出共同利益的空间，差异可能让你们的谈判搁浅，也可能给你们的谈判带来新的进展。

让我们来看一个案例：

随着5G时代的到来，抖音、火山、快手、今日头条等短视频软件也成为人们日常生活中必不可少的消遣娱乐工具，而随之兴起的则是直播带货的热潮。2020年受新冠疫情的影响，直播带货潮流更有愈演愈烈之势，无论是草根网红，还是明星大腕，都做起了直播带货。

然而，有人欢喜有人忧，直播带货的超强流量和超大粉丝团对于实体店来说无疑是巨大的冲击。原本人潮涌动的商场，现在已很难呈现出那种繁华的景象了，许多实体店老板对此表示无奈和心痛，而由此引发的便是对网络直播平台的不屑和怨恨。网络直播带货和实体经营似乎处于一种对立的关系上，那么，他们真的就只能是这种"你死我活"的局面了吗？事实上并非如此，仔细思考就会发现，二者其实并不矛盾，虽然网络直播会带走实体店的流量，但难道实体店就不能利用网络平台来增加曝光率吗？当然可以，没有哪项规定说实体店不可以参与网络营销活动，相反，正因为有了实体店的支撑，才更容易赢得消费者的青睐和信任。在网络营销、直播带货、人人自媒体的风潮下，实体经济的发展并没有被扼杀，反而是找到了新的发展出路，虚拟经济与实体经济看似对立，实则共生，归根结底，二者都是当今时代发展不可缺少的色彩。

此外，谈起共同利益，我们就需要了解利益本身，利益不是单一的，它是复杂的、多元的。要想在谈判进入僵局的时候提出可调控的空间，就需要明白这个道理。比如，租房的时候，你既想获得一份对自己有利的租约，又想要不费力气地尽快达成协议，还想和房东保持良好的合作关系。你的利益不仅在于达成的租约，而且在于实施这份租约。你追求的利益中既有你个人的利益，也有双方共同的利益。

提出创意性方案

我们来看一些简单的算术题：

1+9=10

2+8=10

3+7=10

4+6=10

5+5=10

……

可见，单从个位数的加法来说，得到 10 的方式可以有很多，更不用说乘法、除法和减法的运算了。其实，谈判也是如此，我们可以获得一个良性结果，而得到这个结果的方案其实是很多的。我们在谈判中所制订的方案，一般都会根据谈判的具体要求、实质问题、影响因素等等，进行策划和制订。考虑得越全面，制订的方案也就越可能成功实施，促进谈判的顺利进行。有时候，甚至可以用一种十分有创意的方案，比如逆向思维、以退为进等方式帮助我们获得谈判的成功。

我们都知道，谈判的时候，需求和利益不是一成不变的，这也就意味着影响谈判的策略和解决方案的因素也不可能是一成不变的。我们可以来看看下面这个案例：

据《美联储简史系列│前传：1791–1913》记载，1907 年因贷款给破产的跨国公司，美国第一商业银行将蒙受巨大损失。在泰勒斯维尔，由于当地分行储户十分担心银行倒闭，纷纷前往挤兑存款。当地分行的门口出现了长龙一般的队伍。为了应急，总行决定，将 2000 万美元的钞票送往泰勒斯维尔。数辆满载美钞的卡车驰往泰勒斯维尔。总行副行长阿厉克斯迅速赶到现场，作了一场漂亮的公共谈判。

"女士们、先生们"，他的声音铿锵有力、清晰洪亮，"我知道，你们有人担心我们今晚停止营业。这没有必要。我现在郑重声明：为便于本行及时办理兑款手续，我们将延长营业时间，直到把大家的事办完为止。"

人群中传来了表示满意的嗡嗡声和自发的鼓掌声。他的这一招显然赢得了储户的好感。"然而，我想告诉你们的是，在周末你们不可能将大笔钱放在身上或置于家中。那是不安全的。因此，我建议你们将从本行取出的存款存入你们选择的另一家银行。为了帮助大家，我的同僚 D. 奥塞女士正在打电话与其他银行联系，请他们延长营业时间，以便为大家提供存款服务。"

人群中又传来了表示赞许的嗡嗡声。人们从心里感谢这位为他人着想的副行长。

一会儿，阿厉克斯宣布："我被告知，已有两家银行同意了我们的请求。其他的正在联系。"

这时，人群中传来了一个男子的声音："您能推荐一家好的银行吗？"

"可以，"阿厉克斯回答说，"我本人的选择是美国第一商业银行。它是我最了解的，也是我觉得最有把握的一家。它开办时间长，且享有良好声誉。我希望大家都有同样的感觉。"他的声音中带有一点激动的感情色彩。

阿厉克斯的后面站着一对刚兑完现款的老夫妻。男的接过阿厉克斯的话头说："过去我也这样认为。我妻子和我在第一商业银行的存款时间达30多年。现在觉得贵行有点糟糕，所以把钱取出来了。"

"那又为什么？"

"传言很多。无风不起浪，总是事出有因吧。"

"这里向大家说说真相，"阿厉克斯说，"因为原先贷款给跨国公司，我行蒙受损失。但本行可以承受得了，也将承受住。"

老人摇摇头，"如果我还年轻，又在供职，也许我会如你所说的去冒险一次。但在那里面的，"他指着妻子的购物袋，"是我们至死所能剩下的所有的钱。这笔钱不多，甚至还不及我们当年挣钱时一半顶用。"

"通货膨胀打击了像你们一样最辛勤工作的善良的人们，"阿厉克斯说，"但不幸的是，你们的银行存款将于事无补。"

"小伙子，那我问你一个问题：你若是我的话，这笔钱是你的，你难道不会和我现在一样这样做吗？"

"会，"他坦率地承认，"我想我会的。"

老人感到惊讶，"不管怎么说，你还算诚实。刚才我听你建议我们到另一家银行去。我表示赞同。我想我该到另一家去。"

"等一下，"阿厉克斯说，"您有车吗？"

"没有。我就住在离这不远处。我们步行去。"

"不可以这样带着钱走。这样你们可能遭到抢劫。我让一个人开车将你们送到另一家银行去。"阿厉克斯说着就招呼罗兰·文莱特过来。"这是我们的安全部长。"他告诉那对老夫妻。

"很高兴开车送你们去。"文莱特说。

"你会那样做吗？正当我们刚刚将钱从贵行取出的时候——正如你所说的，我们有利益但又不信任你们的时候？"老人问道。

"这也是我们的服务范畴，"阿厉克斯说，"除此之外，你与我们在一起30年了，我们也应该像朋友一样分手才对呀。"

阿厉克斯将老人当作老朋友，老人自然高兴。

老人停下步子，"也许我们不必分手了。让我再问你一个问题。你已经把真相告诉我了。可你也应知道我们年纪大，这些钱对我们意味着什么。我们将钱存在贵行安全吗？绝对安全？"

经过数秒钟的思考，阿厉克斯干脆而又自信地回答："我保证：本行绝对安全。"

"嗨，真见鬼，弗雷达！"老人对妻子说，"看来我们是虚惊一场了。我们把这些该死的钱再存回去。"老人重新将钱存入银行后，取款的人群很快散去了。银行仅比平时晚了10分钟关门。

由于阿厉克斯妥善机灵地处理了泰勒斯维尔分行发生的事

情，其他分行没有跟着出现挤兑现款的现象。

阿厉克斯这次成功的谈判宣传，终于挽救了美国第一商业银行。

从上面的案例中可以看出，按照常理来说，阿厉克斯应该极力挽留客户，但是，他反其道而行之，从客户的角度来思考，关注和分析客户的需求和利益，挽留方案不行，那么就用逆向方案。由此，我们也可以看出，一个富有创造力的谈判方案力量有多大。

那么，为了寻求富有创造性的谈判方案，我们要怎么做呢？我们可以针对创造性方案的阻碍因素来提出相关的解决方法。

阻碍	解决方法
以为立场和利益是不变的	寻找共同利益
认为对方的问题和自己无关	关注对方，找到能够让对方接受的方案
判断过于片面和单一	提出多种方案，观点要放开

第一点我们已经在上文中有所体现和说明了，现在，我们着重来阐述一下后两点。

认为对方的问题和自己无关——谈判最大的障碍就是只考虑眼前的利益，而忽视了长远的影响。因为，人都是相互的，你需要满足眼前的即刻利益，对方也同样想要满足眼前的即刻利益，然而，双方的即刻利益有时候可能存在或大或小的冲突和矛盾。但是，人又都是自私的，如果双方遇到相同或者不同的问题时，一旦产生了敌对情绪，就会觉得对方遇到问题了，反而可能会对你有利。你就会认为"他们的问题他们自己来解决嘛，为什么要牵扯上我们呢？我们又有什么义务去帮助他们呢？"有时候对方的观点或许是正确的，但是你并不愿意去承认这种观点的可行性和合理性，似乎只要对方得到了，你就必然会失去。要知道，这种非黑即白的、过于简单的划分和观点，是不适合谈判的。一旦有了这样的想法，就会直接导致下面这个问题——判断过于片面和单一。

我们都知道，人是有惰性的，如果一件事情有约定俗成或者是理所当然的解决方法，那么大家都愿意去走这条所谓的不用再去浪费心力的"捷径"。但是，在谈判中，如果我们也因循守旧的话，那就意味着我们可能失去很多促成谈判的机会。现在很多人都在训练自己的创造性思维，为的就是在面对问题的时候，能够想出更多的解决方法。但是，每一个解决问题的方法都有其不足之处，创造性的方法也不会例外，而最危险的，也是最妨碍我们正向思考的阻碍之一，就是我们抓着这些不足大做文章。

观点毕竟是观点，就好像谈判的想法毕竟是想法一样，如果要让它变得切实可行，就需要把它放入到现实的实践中去，而不能凭空想象、任意揣测。针对以上两个问题，我们可以提出相应的两个解决措施——"关注对方，找到能够让对方接受的方案"和"提出多种方案，观点要放开"。

也就是说，如果你提出的方案只是凭自己的喜好和想象来制订的话，不仅不会让对方接受，还会显得你的方案特别不切实际和可笑。这样，你的方案虽然很有创意，却失去了可行性。而把创意和现实性结合之后，你可以用和别人或者以往不同的方法提出某个问题，而对方也会更加愿意考虑你这个新鲜方案的可行性，比起天方夜谭来，显然后者更具有价值和吸引力。

同时，我们也知道，解决一个问题可以提出多种方案，那就意味着多种方案的存在是有必要的。问题有主次，需求有大小，利益有远近，根据这些不同因素的不同程度，你都可以制订出不同的相关方案。所以，你的方案有最佳的、次佳的等等。因为当你决定使用一个方案的时候，你必须要考虑到这个方案失败以后，你需要怎么做，你需要再用一个什么方案来进行补救。我们可以来看看下面这个例子，以便更加清楚地了解我们所说的这些解决问题的方式。

比如，你找了一份新工作，你想要在这个职位上获得高的薪资待遇，于是，你和人力主管进行谈判。你想要在对方提出的薪资待遇上每月再增加 2000 元，但是主管只同意增加 500 元，显然，这个差距有些大，让你难以接受。这时，直接提薪 2000 元的方案没得到认可，如果你提出在对方提出的薪资基础上增加800 元，剩下的 1200 元当作福利，可以换作等价的商品发放给自己的创意方案，人力主管可能会因为你荒谬的要求而拒绝录用你，他甚至觉得你是在和他开玩笑。但是，如果你提出这样的方案——根据自己的业绩来加薪，那么，你的上司可能会慎重地思考你的提议。

第四章

左右谈判的时间

选择合适的时间谈判

时间，是我们行事的要素之一，我们做一件事情总会给自己时间。做什么事情都和时间有关系，你做这件事花了多长时间，什么时候开始的，在什么时候取得了显著的成效，又是在什么时候完成的？时间的安排影响着事情的整体进度，时间的长短也影响着这件事完成的最终效果……比如，你正在参加一个重要的考试，考试时间只有一个小时，而题量则惊人的大，你能在规定时间内，在保证正确率的前提下全部完成吗？貌似是不太可能的；或者，你的上级交给你一项十分艰巨的任务，但是上级只给你三天时间，那这三天时间你又能干什么呢？你有可能在三天之内完成这项庞杂的工作吗？貌似也不太可能；再或者，你要和客户谈生意，你选在晚上大家都熟睡的时候，用一阵急促的铃声唤醒对方，然后兴奋地说："朋友，我们现在就来谈谈这次的合作吧！"恐怕除了愤怒的斥骂和急促的电话挂断声，你得不到其他的回答了……

看到这儿，我们也许已经明白了时间在谈判中的重要性和正确运用时间的必要性。在谈判中，你要做时间的控制者，而不是被时间控制。

精准的时间观念和感觉能够在谈判中帮助你获得对方的好感、把握准确的谈判节奏、适时提出攻防策略等。比如，和迟到的人相比，人们更喜欢能够准时甚至早几分钟到达的人，这样，不仅能够显示你对这件事和对谈判对方的重视，也可以表现出自己的诚意。而这种开场也能够奠定十分友好的氛围基础。

谈判时间的选择，也会对谈判双方有一定影响。由于谈判的性质、情况不同，安排的时间也会有所变化。我们无法给出一个特别统一的原则，但是我们可以用排除法，看看哪些时间不适宜进行谈判：

下午4～6点是精神和肉体比较疲惫的时间段，这个时候，人们倦怠、烦躁，希望获得休息，因此，不宜谈判。

身体处于疲劳状态后的恢复期不宜谈判。比如，你去国外谈合作，最好不要一下飞机就去，由于生理、时差等原因，你的大脑运作可能会受到影响。再有，生病的时候也不要逞强，硬要去谈判。还有，一般情况下，我们不建议周一进行谈判，因为休息日后的第一天，人们还没有从放松的状态恢复过来，可能还没有办法即刻进入工作模式。

紧张的工作之后也不要即刻谈判。不要处理完一件和谈判无关的事情后，就马上进入谈判状态，如果你没办法理清思路，就很可能使谈判变得很混乱。

……

谈判所用的时间通常有两种情况：一种是双方都没有表明谈

判将持续多长时间，即处于保密或者随机应变的状态下；另一种则是事先协商好谈判的截止日期。

如果是前者，你需要通过了解对方的时间期限来制定自己的策略。而在时间随意性较强的情况下，往往站在最后的人才能笑得最好。通过拖延时间来获得更多信息和制定应对策略则是一种很不错的谈判技巧。如果是后者，在有一个明确的时间限制的情况下，人会有一种心理压力，这种压力有时候会影响谈判的氛围和策略等。

而时间和信息的输入也有十分紧密的联系。你在对方精力最充沛、精神状态比较好的时候提出一个新观点，往往比在对方疲惫不堪的时候提出更有说服力。而这个新观点也可以让对方在休息阶段有更多的思考空间。

多花时间在准备工作上

我们都参加或者看过辩论赛，辩论赛开始之前，正方反方不仅要准备好自己的论点、论据，还要清楚对方的论点、论据，在上场之前需要进行演练，这样的话，就可以了解到一些实践中出现的问题——对方的漏洞、对方可能提出的观点，甚至对方或许会涉及的问题。依据对各种资料的整合，你能够大致模拟出可能出现的场景，以此来做好万全的应对准备。谈判也是一样。你需要在谈判之前搜集各种信息，预测各种可能出现的情况，并制定出现各种情况时的应对方案。

　　或许有人觉得"时间就是金钱"，我们应该把主要的时间和精力放在对本质问题的处理上。但是，什么才是能够影响问题解决的根本因素呢？没有人能够给出绝对的答案。在谈判中，尤其是商务谈判或者国际事宜谈判中，任何一个看上去无关紧要的小细节都有可能成为解决谈判问题的关键，你要是不肯花时间在这上面，你就很可能会错过获得最多利益的机会，甚至有可能失去促成谈判成功的机会。所以，花时间在准备工作上，是一项投资，一项必要投资。你花费的时间越多，研究得越用心，最终获得胜利的机会也就越大。

　　那么，哪些信息是比较有意义和价值的呢？下面这个表格可以作为参考：

信息类别	对手信息	市场信息	环境信息
具体内容	成交的弹性空间、人员信息、对方对我方的信息掌控、双方掌握的信息量、对方的真实目的、对方的底线等	供求关系（产品生命周期、变化趋势、市场总量等）供求信息（规格、价格、价值、市场需求、产品定位、消费定位等）竞争者（竞争者经济优势、产品质量等）	法规、历史、风俗、物产、政治制度、商业惯例、宗教信仰、天文地理等

看完这个表格，我们可以来看一个非常典型的案例。

大兴机械制造公司正打算出售一套制作车床的生产线设备，但是，对这一设备感兴趣的企业并不多，因为这套设备毕竟是前两年的，如果买入投产使用，可能用不了几年就会面临设备更新换代的问题，而这也是一笔不小的开销。在大兴公司收到的收购方案中，它比较感兴趣的是一家小型机械制造公司——平顺公司的方案，他们报价3000万元，打算将设备收购后直接用于公司产品生产。虽然对方的报价并不是所有方案中最高的，但是贵在态度真诚友好，大兴机械制造公司正在考虑与这一公司合作，但是，他们希望在这个报价能够再提高5%—10%。然而，大兴机械制造公司又主观地认为对方可能不会接受。就在这时，邻市的一家很有实力的机械制造公司——盛峰机械表示对该设备感兴趣，而他的报价也更高一些。大兴机械制造公司决定暂缓和平顺公司的谈判，而先和盛峰机械谈判。如果谈判破裂，还有另一家作为备选，但是，时间上非常紧急，因为平顺公司的收购方案有时间期限（提交方案3天后自动作废）。

这时，大兴机械制造公司开始搜寻关于盛峰机械的信息：盛峰机械是一家中型规模的机械制造公司，主要从事车床的生产制造。其董事长自公司创立之初就执掌公司，并在机械制造行业有一定威望。

除了这些，还有一些已经公开的信息：盛峰机械 7 年前花 7000 万元从德国进口了最先进的车床制造设备，目前公司资产已超 5 亿。

设想你是大兴机械的谈判人员，你可以思考一些问题，大兴机械制造公司会和盛峰机械董事长共享哪些信息？谁先报价更合适？你要怎么和他斡旋？你的理想利润是多少？问出这些问题，是为了让自己更加全面地了解谈判内容，谈判之前的准备可能成为我们的致命伤，也可能成为转折点。所以，为谈判做更加全面的准备工作是势在必行的。

首先，我们要为己方做一个预测和评价。

你需要为谈判制订方案，如果一个方案行不通，那就必须有最佳替代方案，你需要分析和判断出可能出现的所有问题，然后，找出自己的漏洞，设想如果这个方案失败了，我应该如何补救，然后就此提出补救措施，这样你的方案就十分全面了。但是，我们需要明确的一点是，最佳替代方案可能并不是你的最高预期，也可能并不是你认为最合理的方案，它的存在是为了让你更好地面对现实，就现实的条件和情况进行统一处理。在大兴机械制造公司出售机械的案例中，你可以制订这样的替代方案：

你可以和盛峰机械合作，等他们提出购买方案。

你可以转向和你最先考虑的平顺公司合作。

你甚至可以不出售这套设备。

而在这样的预测和评估中，我们要看到一个十分重要的东西，也是你必须要在谈判中坚持不动摇的东西，那就是你的底线。每一个谈判者都有自己的底线，这是把自己的利益和损失控制在可承受范围内的原则。这个底线或许是能够浮动的，当你处于优势或者谈判异常顺利的情况下，底线可能处于浮动区域的高端，当你处于劣势或者不得不做出妥协让步的时候，底线可能处于浮动区域的低端。比如，案例中，平顺的报价是3000万元，而在这个价格基础上还可以涨5%—10%，即3150万—3300万元，这可以看作是底线价格。如果谈判顺利，那么底线可能是偏向3300万，如果谈判进入僵局，那么，底线就有可能偏向3150万。而和盛峰机械的谈判，因为条件是拔高的，所以，底线也要往上浮动，势必不会低于3150万，底线低端甚至可能定在平顺底线领域的中端，即有可能是3225万左右。

对我们自己做了一个大致的评估之后，就可以预测和估算一下对方的信息判断了。即对方可能给出的最佳替代方案和底线可能是多少呢？而这个估算需要你搜集各方资料，甚至是谈判中对方愿意和你共享的资料。比如，盛峰机械的方案可能是和你合作，也可能是不和你合作，也就是说盛峰机械的资产可以用于购买你的设备，也可能用于购买其他公司的设备。这是他们的策略和方案。在这里，如果我们想要知道对方的底线在哪里，就要思考对方用这套设备做什么。盛峰机械可能根据以往的业务习惯将这套设备直接投入生产（底线价格可能在 3200 万—3400 万），但是，他们也可能将这套设备进行改造升级后在投入生产，这样虽然可能花费更多，但长远来看，收益也更大。如果这样的话，盛峰机械从长远的利益来考虑，就可能出到更高的价格，有可能达到 3550 万。也就是说，对于盛峰机械来说，底线可能是 3550 万。

在对整体的自我底线和对方底线的分析之中，可以得知，如果我们要和盛峰机械合作，那么购买价格就是在 3200 万—3550 万之间，也就是说，你不会允许低于 3200 万的价格，对方不会出高于 3550 万的价格。当这个区间确定了之后，我们就有了议价依据，也就是说，你想要利益最大化的话，就要接近盛峰机械的底线价格 3550 万。

现在，我们大概明白了，信息的搜集和对整体环境、状况、行情等的分析，对于谈判方案的确立和策略制定是多么的重要。你要做的不是按照一个呆板的方案来进行谈判，而是要给自己制造一个能够充分发挥自己长处、优势，并且能够灵活调整的谈判空间，同时，你需要让自己树立一个全局观，这个全局观意味着你能够抓住谈判的主导权和了解谈判的整体趋势。

你来决定谈判节奏

假设你的上司让你加入一个项目小组，我们可以把它看成一个大议题——"去不去"，但是，你并不能将这个议题看成是单一的，而是应该将其分割成不同的成分或者阶段的小议题来进行讨论——"什么时候去""以什么身份去""去多久"以及"如何安排善后"等。

同样，当你想跟老板提出加薪10%时，也可以切割成"什么时候加""分几次加""在什么前提下开始加"等小议题来讨论。同时，我们还要合理安排，对于这些小议题，我们分别应该使用多长时间，比如，讨论"什么时候加薪"这个问题的时候，可以快速地带入，直接进入主题讨论，然后花大部分时间加以探讨。又或者，在"在什么前提下开始加"的时候，将其放在讨论的后期。

这种对整体时间和小议题分割的掌控，我们称之为谈判的节奏。简单地说，就是谈判中的各个问题应该怎么安排，相应阶段的时间长短如何控制。在谈判中，也就表现为什么时候提出条件，用怎样一种技巧和方式提出来，争取最大利益应该安排在什么阶段，什么时候可以适当地进行一些妥协，等等。因为节奏要是安排不好的话，会直接影响到谈判的结果。

一般情况下，我们将谈判分为三个阶段：

初期——关键词：迅速

在谈判开始之前，我们自然要花大量的时间掌握尽量全面的信息和咨询，以助我们能够有充足的准备，应对谈判中可能出现的问题，制定应对的措施。所以，当一切准备就绪，开始谈判的时候，就需要我们很快地进入主题讨论中，不要就一些无关紧要的问题讨论了半天，让人疲倦了之后才开始解决关键问题。尽早揭露双方的分歧和冲突，就关键问题进行谈判。

中期——关键词：平稳

当问题已经暴露出来了，就需要就双方的冲突和利益点进行探讨，逐步消除双方的分歧。我们可以在问题暴露出来后先解决一些非原则性的问题，算是缓和整体的谈判氛围，创造一种友好平和的谈判气氛。当然，还需要适当保留一些，以便能够在谈判后期让谈判表现得更有弹性。然后，再去处理那些争议较大的问题。无论你是否处于弱势，千万不要在开始时为了制造和谐氛围而刻意妥协，谈判中的妥协是一种技巧，是可以存在的，但是不能让妥协暴露出你的弱势心理，更不能让妥协成为对方扼住你咽喉的理由。所以，哪怕已经做好了妥协的打算，也需要适当地往后安排。这样，不仅增大了前面谈判的时间弹性，也能够给对方一种暗示——我的妥协是逼不得已的，是非常珍贵的，所以，牺牲的一些利益需要你给我适当地补偿。这是一种讨价还价的策略。

后期——关键词：快慢结合

这一阶段主要解决的是一些比较复杂的、争议比较大的谈判问题，有时候，甚至会触及原则问题。而就这一点来说，这个阶段的节奏更能表现出谈判双方的心理素质和水平。能够快速解决问题，扫平障碍固然是好的，但如果不能的话，就需要耐下性子来打慢牌，给自己一些时间去思考如何处理这些争议，发掘意料之外的解决办法。

谈判的阶段划分也是需要我们慎重思考的一个问题，不能单就时间来安排，这还需要考虑到谈判内容的难易程度、谈判项目的大小。但是，主要的方向还是较为统一的。我们要明白，这里的知识信息只是为我们提供一种参考方案和大致方向，具体到每一个谈判中，我们都需要结合实际情况来进行方案的制订和谈判攻略的选择。

接下来，我们来看一个案例，巩固一下我们对时间节奏的理解。

亚历山大·亨利是美国洛杉矶大学的一名留学生，有一天，他接到学校通知需要到当地某银行去缴纳学费。就在他要进入银行大门的时候，看见玻璃上贴着几个醒目的大字：大厅内禁止使用现金支票缴费。然而，不巧的是，亨利着急出门，身上只带了现金支票，于是，他想看一看有没有通融一下的可能。他走进大厅，看见大厅的墙上贴着一个公告，上面写着一个地址，并标明该地址可以接收现金支票，而这个地址正是亨利现在所在的银行。

"您好，如果我按墙上的地址邮寄现金支票的话，就可以寄过来是吗？"亨利向旁边的工作人员询问道。"是的，先生。"工作人员回答。亨利为进一步确认，问道："可这上面的具体地址是在哪里呢？""就是您现在所在的这座大楼啊，先生。"工作人员继续回答他。"额，这就让人很费解了！"亨利自言自语道。他接着问："那么，寄来的现金支票具体会放在这座大楼的哪个位置呢？""嗯，就是那里，看到了吗，前面靠近办公室的那张桌子上。"工作人员一边说，一边示意亨利看向前面不远处的一张桌子。"您确定？"亨利疑惑地看着服务人员。"是的，先生，我可以向您保证事实就是这样的。"工作人员十分坚定地说道。亨利低头思考了一下，然后又看向工作人员："我可以再问您一个问题吗？这个大厅是有什么魔力吗？走入大厅，现金支票就不能使用，而我走出大厅，把支票放入信封，再贴上邮票，它就可以进入大厅并允许被使用是吗？""额，这个……"工作人员一时竟无言以对。

那么，大家可以猜想一下，最终亨利有没有用现金支票支付学费呢，结果是肯定的。来往于银行的人有很多，来支付学费的人也有很多，但来到大厅后成功地用现金支票缴费的人却寥寥无几。那么，亨利又是如何做到的呢？这就在于他发现了银行规定上存在的明显矛盾，并把握正确的时间节奏，循序渐进地将问题加以解决。可能大多数人看到这样的矛盾后的第一想法是："银行怎么会有这么荒谬的规定，我要和他们好好理论一番！"或者

"银行的规定是如此的不合理，但是我又能有什么办法呢？算了吧，既然不能用现金支票，那我就改用其他支付方式吧。"而亨利则将这一矛盾逐步分解，一步步地与工作人员交涉，最终在没有激化矛盾的情况下获得了自己想要的结果。亨利在处于相对弱势地位时争取到有力的结果，不得不说，这和节奏的掌控是有密切相关的。

给对方一个时间压力

不知道大家有没有听说过帕累托法则，也就是我们常说的"二八定律"，即在任何一个团体或组合中，最重要的都集中于其中的20%，而剩下的80%虽然是大多数，却是次要的。这一法则是由法国的经济学家维尔弗雷多·帕累托提出的，虽然他从没研究过时间会对谈判造成何种影响，但他的法则却告诉我们，时间压力在谈判过程中是不容小觑的。正如一个公司在运营过程中，虽然可能会很多员工，但重要的工作基本上都是由其中20%的人完成的。谈判也是如此，众所周知，谈判都是有一定期限的，失败的谈判，就是到期限的最后一天仍不能签约；而成功的谈判，最迟也会在期限的最后一天签约，事实上，在大多数谈判中，对方所做出的80%的妥协与让步都是在谈判最后的20%的时间里完成的。当然，这里并不否认有些精明的谈判者，可以促成谈判的提早签约。

很多人都想知道那些精明的谈判者是如何做到提前签约的。他们有一个最常用的手段，就是在谈判快要结束并即将达成协议时，在"最后期限"上动脑筋。简单地说，就是在时间上给对方造成一种压力，暗示对方"我并不是一定非你不可"。

作为一种社会互动形式，谈判不可能无止境地持续下去，它要求谈判方必须在一个有限的时间内达成协议；这就会在时间上对参与谈判的各方形成压力。早期的研究者就时间压力的影响进行了大量的研究，得出的结论也比较一致，比如：谈判者提出的要求更低，妥协更快；沟通的准确性降低；更快达成协议；共同收益降低等。然而，这些研究主要关注的是谈判者行为的改变，并不清楚时间压力到底是如何改变谈判者行为的。于是，研究者经过进一步的探索，发现时间压力的影响主要在于改变了谈判者的信息加工过程。

谈判双方在签订协议后即可运作，对于双方何时交易，要有个最后期限。这对于买卖双方来说，既是一种保障，也是一种制约。比如，在房产购置的谈判中，购房合同中规定卖方向买主交付房屋使用权的最后期限，就是对买方起保障作用，对卖方起限制作用的。而规定买主向卖主付款的最后期限，则是对卖方起保障作用，对买方起限制作用的。只要最后期限一到，就必须做出最后的决定，否则就会承担相应的后果。如果你对完成此项工作的日期估计有误，在最后期限之前不能完成交易的话，就要再次与对方谈判，要求放宽期限，如果对方拒绝修改协议，你也只好承担责任。

在谈判中，有些谈判者会摆出架子，准备进行艰难的拉锯战，他们完全抛开了谈判的截止期，决定和你"一耗到底"。此时，你的最佳防守兼进攻策略就是出其不意，发出最后通牒并提出时间限制。

运用这一策略的具体做法是，在谈判桌上给对方一个突然袭击，改变态度，使对手在毫无准备且始料未及的情况下不知所措。对方本来认为时间很宽裕，但突然听到一个要终止谈判的最后期限，而这个谈判成功与否又与自己关系重大，不可能不会感到手足无措。他们很可能因为在资料、条件、精力、思想、时间上都没有充分准备而自乱阵脚，在经济利益和时间限制的双重驱动下，他们就不得不屈服，在协议上签字了。

安琪儿是一名高二学生，平时她都住在学校的宿舍里，只有在周末或者放假时候才会回家待上几天。周一的早上，安琪儿出门时突然对母亲说："妈妈，我忘记和您说了，老师让开学去学校的时候带200元的书费，快给我。"母亲一眼识破她的"诡计"，说道："少和我来这套，你都回来一个星期了，为什么现在才和我说呢？我看你是又想从我这里'骗'零花钱了吧！""哪里的话，妈妈，我怎么会骗您呢，真的是要交书费，我才想起来。您快给我吧，我上学马上就要迟到了，真的不能再耽误时间了，求求您，快给我拿钱，好妈妈，如果今天拿不上钱就没有办法买书，没有书，我又怎么能够好好学习呢？您说，是不是这个道理呀。嗯……至于其他的问题，等我下次回来咱们再讨论，好不好？"很显然，母亲不得不把钱给安琪儿，虽然她并不能确定女儿所说的是真是假。

从中，我们可以得出一个很简单的道理，迫于时间压力，人们处理事情时会更加灵活，也更容易妥协。通过在最后时限前提出新的要求或者条件，往往会出其不意，一招奏效，而且解决得干净利落。

实践证明，如果一方根据谈判内容限定了时间，发出最后通牒，另一方就必须考虑是否准备放弃机会，牺牲前面已投入的巨大谈判成本。可见，在某些关键时刻，最后通牒法还是大有裨益的。

让我们再来看一个案例：

李华是某服饰贸易公司的采购经理，近期，他正在与某服装厂家就一批羽绒服的采购事宜进行谈判，在谈判过程中，李华坚持这批货物的采购价格最高不能超过 7 万元，而对方则认为这个价格太低，要和公司领导商量一下才能决定。一个星期后，服装厂家仍然没有给出明确答复，于是李华提出给厂家最后三天时间考虑，如果三天后服装厂家仍然不能做出决定，那么他就要考虑和其他厂家合作了。为了给服装厂家施加压力，他还称自己已经找到了备选单位，而且对方的要价只有 6.8 万元，事实上，当地只有这一家服装厂家能生产出符合公司要求的服装。然而，服装厂家早已识破了李华的"阴谋"，不仅要出 8 万元的高价，而且还坚持必须预付 3 万元定金。就这样，双方僵持不下，最后，李华不得不做出让步，按照服装厂家的意思签订了协议。

由此也可以看出，发出最后通牒的方法也并非屡试不爽，一旦被对方识破，最后通牒的威力可能会反作用到自己身上来。所以，发布最后通牒一定要注意一些语言上的技巧，要把话说到点子上。

1. 提出时间期限时，时间一定要明确、具体

在关键时刻，不可说"明天上午"或"后天下午"之类的话，而应是"明天上午 8 点钟"或"后天晚上 9 点钟"等更具体的时间。这样的话会使对方有一种时间逼近的感觉，使之没有心存侥幸的余地。

2. 发出最后通牒时言辞要委婉

必须尽可能委婉地发出最后通牒。因为最后通牒本身就具有很强的攻击性，如果谈判者再言辞激烈些，就会极度伤害对方的感情，对方很可能会由于一时冲动而铤而走险，退出谈判，这对双方都没有好处，是双方都不愿意看到的结果。

3. 出其不意，提出最后期限，这时语气必须坚定，不容通融

运用此道，在谈判中首先要语气舒缓，不露声色，在提出最

后通牒时要语气坚定，不可使用模棱两可的话语，使对方存有希望。因为谈判者一旦对未来存有希望，想着将来可能会给自己带来更大的利益时，就不肯在最后期限内签约。故而，坚定有力、不容通融的语气会替他们下定最后的决心。

此外，最后期限还有督促的作用。最后期限一到，你就不得不做出决定。如果选择了这个期限，你就要在期限到来之前完成交易；如果你违约了，后果就由不得你假设了。

当然，就谈判的最后期限而言，它也是可以灵活变动的。有的期限说一是一；有的则具有弹性，是可以商量的。因为，对于不少行业的谈判而言，最后期限只是为了尽可能督促对方，并不是存心惩罚对方。所以，你在协议上签字之前，一定要搞清楚双方所定的最后期限是否还有活动空间。然而，事情随时都有可能发生变化，在签订某一协议时，最好不要让最后期限成为自己的枷锁。

第五章

让步是双方都能接受的
折中解决方法

永远不要过早妥协

一对年轻的夫妇来到电器商场，他们的目标是购买一台最新款的某品牌电冰箱，看了很多家之后，他们来到了标价最低的一家。女士问营业员："这台电冰箱还能优惠吗？请再给我打个折吧。""抱歉，女士，这款电冰箱只能按标价卖，这已经是最低的价格了。而且，这款产品很畅销，质量也不错，性价比绝对是很高的。"营业员得回答很是坚定，毕竟这款电冰箱真的很畅销，而且他家已经是全商场中标价最低的了。"可是……"女士很是为难，"这个价格确实是有些高，虽然我也很喜欢它，但还是有些接受不了。我们是专程来买这款电冰箱的，您能照顾一下，给再优惠点吗？""额，这个……这样吧，看您这么诚心，我就按内部价卖给您一台吧。九五折，真的不能再优惠了。"营业员犹豫了一下，答道。女士很是欣喜："实在太感谢您了，虽然我还是觉得价格偏高，但还是可以接受的。那请您帮我们装好，送到这个地址，谢谢。"

读完了这个故事，我的第一感觉是，虽然营业员一再强调这已经是最低价了，但是他既然能给出这个价格，就说明还是有赚头的。表面上看来，营业员是做出了让步，但实际看来，这一让步也并不是对商家无益的。相反，正是因为有了这个让步，才促成一单交易的谈成，让他又多了一个客户。所以说，让步也并不总是消极的，它也是一种谈判的策略。

　　事实上，所有交易、所有合作都是相互妥协、退让的结果，在谈判中，我们不仅要进攻，必要的时候还要给对方让一条路，这样我们才能顺利达到成功的彼岸。当然，退让也需要一定的技巧，有的时候，没必要让步，我们就要坚持到底，有的时候只有让步才能换来新的谈判局面，我们就要适时地做出让步。但是，这并不意味着，为了向对方示好，为了让谈判能够早些结束，我们就一味地接受对方的条件和要求。我们可以让步，可以妥协，但是，必须知道，我们需要在什么时候妥协，让步到什么程度，而并不是对方狮子大开口，你就一定要应承下来。如果真的这样做的话，那么后果将会不堪设想，因为，没有理由的妥协无助于未来分歧的解决。如果你一开始就让步，对方就很有可能在接下来的谈判中提出其他要求，那你是满足还是不满足呢？就像是一块布，只要撕开了一个口子，只要稍一用力，就可以把小口子撕得更大。在这种情况下，对方得到的越多，你得到的就会越少。你永远无法保证你的对手是个绅士，你也永远无法保证你的妥协示好能够起到真正的作用，你更永远无法断定对方在下一刻会用什么策略。

　　你可以有妥协的想法或者方案，这个想法或方案可以是根据实际情况即兴产生的，也可以是事先就已经准备好的，但是，无论哪种情况，你都不能在谈判初期就表现出来，甚至在整个谈判的过程中，你都不能表现出自己已经有了妥协的意念。很多时候，人们把妥协策略用在谈判中后期，这是一种策略，它能够让对方觉得，你的让步是弥足珍贵的，是应该好好珍惜的，要让对方意识到，你已经到了迫不得已的地步，才做了这么一点点的让步。这样的话，我们就有理由从对方那里获得相应的补偿。这是你要向对方传达的信息——嘿，伙计，这是一场谈判，不是在做慈善，既然我已经吃亏了，你是不是也得付出相应的回报呢？

我们来看看下面两段同样场景下不同妥协策略的对话，感受一下妥协用于前期和后期的效果：

这是一次某公司的食品生产线改进项目，供货内容是将原有生产线上的半自动食品包装设备换成全自动包装设备。

前期就妥协	后期才妥协
张平：李浩，你好，我们又见面了。 李浩：是啊，张平。这次也希望我们能够合作愉快。 张平：李浩，你也知道，这次改换全自动食品包装设备的费用几乎赶上了以前一整套生产线的价格，我们公司现在的整体预算也是十分有限的，所以，咱们能不能就付款方式再做一些调	张平：李浩，你好，我们又见面了。 李浩：是啊，张平。这次也希望我们能够合作愉快。 张平：李浩，你也知道，这次改换全自动食品包装设备的费用几乎赶上了以前一整套生产线的价格，比我们之前合作的款项整整高出一倍，而我们公司现在的整体预算也是十分有限的，所

整，把一次性付清改为分期付款。可能这样做会让你们公司有些为难，但是，咱们也算得上是老朋友了，你看，能不能给通融一下。

李浩：这个我自然是知道的。（之后是商议分期付款事宜……最终以9个月为分期付款时间。）我请示一下上级吧。（出外……请示完毕。）张平，我的头儿已经批准了，真是太好了。

张平：那真是太感谢了！

李浩：这也没什么，毕竟合作这么多年，这些信任还是有的。

张平：那好吧，我们现在来签约吧。（正要下笔的时候，停下了。）对了，李浩，如果可以的话，是否可以再送我们一个备用的零件，你知道的，包装上的零件最容易坏了。

李浩：这个没问题！

张平：哦！是进口的那种。

李浩：呃……可是，那种成本……

张平：李浩，有问题吗？我也希望我们能够在之后更长久地合作下去。等谈完之后我请你吃饭。

李浩：好吧！我们先签约吧！

以，我想咱们能不能就改一下付款方式再做一些调整。将一次性付清改为分期付款。我知道可能这样做会让你们公司会有些为难，但是，毕竟我们已经合作这么多年了，这一点我们不会忘的，咱们也算得上是老朋友了，你看，能不能给通融一下。（提出以9个月为分期付款时间。）

李浩：张平，对于你们公司的预算困难，我感到很抱歉。预算问题每个公司都有，我们也不例外。而且作为小公司，我们对此尤为严格。这次你们定制的全自动食品包装设备价格之所以这么高，是因为成本就很高。分期付款对我们来说，真的有些困难，也希望贵公司能够理解。

张平：李浩，我们公司自然是想极力促成这次合作的，但是付款方式真是需要你们帮我们一把了。

李浩：张平，我们的目的都是一样的，但是，有些事我真的是爱莫能助。

张平：这样吧，时间上面我们可以再协商一下，我们公司可以缩短分期的时间。

李浩：这个……我恐怕很为难。

张平：李浩，我们两家公司合作这么长时间了，希望你能给予我们充分的信任，好吗？

李浩：嗯……让我想想……那么，贵公司能够把时间压缩到几个月呢？

张平：6个月！

李浩：唉……这恐怕有些难，按照目前的情况来说，我们恐怕只能接受4个月的时间。如果时间再长一些，我恐怕真的没办法了。4个月，已经是我能给予你们的最大保证了。

张平：呃……那好吧！

李浩：好的。如果没有其他问题的话，我们可以签约了。

张平：好的。

从这两段对话来看，前者是张平一而再再而三地谈条件，获取利益，而后者却将对方获取的利益控制在一定范围内，也防止了对方再次谈条件。

我们需要明白，你所做出的让步与善意，对方会迅速忘记，不要期望对方会在下一次谈判的时候对你让步，他们的健忘程度会超乎你的想象。所以，不要轻易过早地做出让步，哪怕是真的想要妥协，也需要让对方觉得妥协是十分珍贵的。

每一次让步后提出更多的要求

在一个谈判桌上，尽管谈判双方都想促成谈判，但又都各执己见，毫不让步。想象一下，这种情况可能存在吗？虽然我们不敢百分之百地说不可能存在，但敢肯定的是，这种情况非常少见。其实，当双方处于冲突之中时，适当的妥协和让步是可行的。但是，在谈判中，谈判方很容易忽视对方所做出的牺牲，还很有可能因为对方的牺牲而"得寸进尺"。从这一点来看，我们需要明白一个原则——在谈判中，你可以让步，但是你必须让对方知道，你的妥协是要让对方付出代价的，他需要根据自己得到的利益而给予你相应的回报。你需要以某种方式告诉对方："喂！哥们！我已经退了一步了，现在到了你给出反馈和回报的时候了！这事可不能让我一个人吃亏呀！"所以，你的妥协和让步必须从对方那里获得补偿，你必须让对方清楚地看到妥协不是一个人的事，不能让你单方面受损失。

冲突趋于激烈的时候，妥协让步不失为一个好方法。下面我们来看一个反面案例：

1989 年 3 月 24 日，一艘美国埃克森石油公司的巨型油轮"瓦尔德兹号"在阿拉斯加州威廉太子湾附近触礁，使得 3.7 万吨原油泄出，在太子湾海面形成一条宽约 1 千米，长达 8 千米多的漂油带。

然而，事故发生以后，埃克森石油公司却无动于衷，既不彻底调查事故原因，也不采取及时有效的措施清理泄漏的原油，更不向当地政府道歉。受污染地区的地方官员前来与公司交涉解决措施时，埃克森公司的人更是傲慢无礼，认为自己是个大公司，花多少钱都无所谓。但是埃克森公司低估了自己"无冕之王"的作用。

事故的发生地处于阿拉斯加的偏僻地区，少有新闻记者来这里，只有零星几个人"随便拍几张照片，随便写写"。可是在事故发生几天后，记者们被埃克森公司对新闻媒体的蛮横态度以及对事故漠不关心的样子激怒了。于是，电视台、电影制片厂、电台、报纸、新闻、刊物的记者们云集在平时人烟稀少的受污染地区沿岸。他们还煞费苦心地与环境保护组织结伴而来，有理有据地报道了这里发生的一切。

于是，地方政府、环保组织以及新闻界发起了一场"反埃克森运动"。这场运动甚至惊动了时任总统布什，总统派专人前往调查。这样一来，埃克森公司便陷入了极度被动的局面。他们没有想到，原油泄漏会导致欧美客户都来抵制自己公司的产品，更没有想到自己不明不白地损失了 20 多亿美元，并失去了公众的信任，严重地毁坏了自己的形象。

埃克森公司的错误在于没有认识到并想办法补救自己的过

失，以致引起多方的不满。在事态进一步恶化，引起公众的反对后，也没有及时出来应对。他们死守自己的利益，似乎觉得一旦承认了错误，自己的形象就会大打折扣。起初，无论媒体的态度如何，埃克森公司都"绝不妥协，绝不让步"，尤其是面对当地政府的时候显得尤其冷淡、自负，好像这样做就可以将自己的责任撇清，只要自己不承认，这件事情就和自己无关一样。然而，事实并不是埃克森公司想象的那么简单，他的做法最终让自己承受了更大的损失。

那么，再让我们来看看另一个故事：

罗恩和丽萨是一对夫妻，他们决定卖掉自己现有的房子，搬去新家，于是他们开始发布售房消息，很快，有很多人都来联系看房。最后，他们与一个在附近上班的年轻男子达成了协议。双方签订了相关的合同，进行了手续办理，并约定罗恩和丽萨于下周末搬走，而年轻男子则在他们搬走后的周一搬进来。所有事情都处理完毕后，男子提出想要在周六把自己的东西先搬进车库，这就意味着罗恩夫妇需要同意他提前使用车库，虽然夫妻二人并不希望男子在他们走之前就搬进来，但最后还是同意了。随后，丽萨对年轻男子说道："您知道的，事实上，我们并不想在房子还不到最后期限时就交由他人使用，但是既然您开口了，我们也不好拒绝。那么，您会为我们做些什么呢？"年轻男子想了一下，说："这样吧，女士，我周六早些来送东西，然后免费帮您把东西运送到您的新家，您看可以吗？""这样的话，就非常感谢了，"丽萨答道。

要知道，谈判是一种互动行为，有进就有退。所以让步在谈判中是一种常见现象。让步不是出卖自己的利益，而是通过放弃小利益来获得更大的利益，因此，在谈判中，让步也是必要的，但是，让步也要讲究原则与尺度。那么，如何才能把握好原则和尺度呢？

1. 不妨在次要问题上让步

率先在次要议题上做出让步，促使对方在主要议题上做出让步。

2. 在没有损失或损失很小的情况下，可以考虑让步

每次让步，都要有所收获，且收获要远远大于让步。

3. 让步时要保持头脑清醒

要明确哪些可让，哪些绝对不能让，不要因让步而乱了阵脚。每次让步都有可能损失一大笔利益，要掌握让步艺术，尽量减少自己的损失。

4. 每次以小幅度让步，才能获利较多

如果让步的幅度一下子很大，并不见得会使对方完全满意。相反，对方见你一下子做出那么大的让步，也许会提出更多的要求。若你是卖家，做出的让步幅度太大，也许会引起买家对你的产品价格的怀疑；若你在做出一连串小的让步后，再问对方："现

在，你打算怎么办？"买家也许会因你数次让步，而在协议书上签字。

5. 承诺性让步最划算

如果你代表公司与经销商谈判，上司要求你不能在价格上做出任何让步，而且还要你尽可能做到使客户满意时，你不妨试一试以下几种方法：

（1）虚心听取对方的意见和要求，对客户表现出你的真诚及友好，让客户接受你，并让客户意识到你是可靠的。

（2）向客户介绍你所服务的公司及你所推销的产品质量和服务品质，请公司负责人出面向客户作出承诺。

（3）你可以把公司信得过的老客户作为你的活广告，让新客户咨询老客户选择你推销的产品的原因，要知道，良好的口碑是你推销宣传时的最有力凭证。

6. 正确预估让步在对方眼里有无价值

别人并不看重的东西，没必要送给他。若谈判刚开始你就做出许多微小的让步，对方也许不仅不会领情，还会加强对你的攻势，因为他知道你做出这些小的让步是有企图的，而且他们并不看重这些让步。当对方要你做出真正的让步时，你先前所做的让步也许早就已经被人遗忘了。此时，你再做出让步，就会吃大亏了。如果你先前并没有做出任何让步，当对方要求你做出让步时，即使这种让步空间非常小，只要你做了，对方就会领情，因为此时他们还需要你继续让步。

己方的任何一次让步都要获得一定的价值，不论这些让步对于你来说多么微小，只要对方需要，你就要利用它达到你的理想目标。

当然了，每一阶段的让步都要获得与所让步的价值相对应的回报。任何事物都有其独立的两面性，在一次让步中，双方需求不同、角度不同，所体现出的价值也就不同，有时甚至会存在很大的差异性。在你做出让步并得到对方回报的过程中，双方所得到的价值是否对等则是让步的关键。比如在一次交易中，你为了让对方缩短结账期限，而在价格上做出了让步，但对方的让步却是自行提货，那么此次让步的价值对你而言是不对等的。

在谈判中，必须永远留有止步的余地。即使是一次性谈判也是如此，这样做是为了使自己在最后一分钟仍持有促成谈判成功的筹码。你必须让对方意识到他已经把你榨干，再无半点油水可挤了，你这时的让步，就会被对方视作为达成协议迫不得已的最后一点牺牲。

经典的让步策略

在谈判中，有些时候我们会处于劣势。一些没有经验的谈判者可能会对此束手无策或争取利益不当，从而导致谈判失败或陷入僵局。其实，这种情况下的明智之举，应该是通过巧妙的让步策略来化险为夷，在形势尽可能允许的情况下最大化自己的利益，最终完成谈判。

具体如何去做呢？首先，我们假设自己的让步分为4个阶段，并将让步利益的总份额分为18份。以下8种方法就是针对不同情况的参考策略。

第一种，这种策略适合应用于我们处于劣势，或者我们与谈判对方关系较好的情况下。

让步策略：18—0—0—0，即在一开始就全部让出可让利益，而在随后的三个阶段里无利可让。

策略优点：这种让步策略坦诚相见，比较容易打动对方，使对方采取同样的回报行动来促成交易成功。同时，率先做出大幅度让步会给对方以合作感、信任感。直截了当的一步让利也有益于速战速决，降低谈判成本，提高谈判效率。

策略缺点：由于一次性大步让利，有可能失掉本来能够争到的利益；这种让步操之过急，会使对方的期望值增大而要进一步讨价还价，强硬而贪婪的对手会得寸进尺，而己方可出让利益已经全部让出，因此在后三阶段皆表现为拒绝，这样一来就可能导致谈判陷入僵局。

第二种，当我们急于成功，但所处形势不利时，使用这种让步策略较为适宜。

让步策略：14.7—0.3—0—3，即在让步的初期就让出绝大部分可让利益，紧接着大幅度递减，以至在第三阶段为零，最后又反弹，在适中的程度上结束让步。

策略优点：这种让步策略显现了突出的求和精神。一开始就做出极大幅度的让步，增大了对方实行回报的可能性。在第二阶段中让步份额锐减，以至在第三阶段为零，这可能打消对手进一步要求让利的期望。最终又让出小利，既易显示己方诚意，又会让对方适可而止，满意签约。此种策略虽然藏有留利动机，但客观上仍突出的是以和为贵的精神，让步的艺术性较高。

策略缺点：在初期即大步让利，显现出软弱的倾向，如果对手强硬、贪婪，会刺激他们变本加厉地进攻。在第三阶段时完全拒绝让步，可能会使谈判出现僵局。

第三种，当我们处境危险，又不愿使已付出的代价作废时，以超限额的让步为代价来挽救谈判，可以促成交易成功。这种策略富于戏剧性，它要求谈判者富有经验、讲究技巧、灵活运用，适用于处在僵局的谈判或具有危难性的谈判。

让步策略：15—3—3—-3，即在前面两个阶段中就全部让完可让利益，到第三阶段是赔利相让，只是在第四阶段以其他的方式讨回赔利相让的利益。

策略优点：这种让步策略在前三阶段超限额地做出让步，因此具有很大的吸引力，易使陷入僵局的谈判起死回生。在对手获得满足感后，又巧妙地在最后一个阶段以其他方式讨回超额付出的利益，极富冒险性与技巧性。

策略缺点：前三阶段即超份额地让出可让利益，会导致对手期望值增大。如果在第四阶段向对方回讨利益不成功，则会损害本方的利益，甚至导致谈判破裂。

第四种，这种策略适用于讨价还价比较激烈的谈判。在缺乏谈判知识或经验的情况下，以及在进行一些较为陌生的谈判时运用这种策略，效果会比较好。

让步策略：4.5—4.5—4.5—4.5，即在让步的各个阶段中等额地让出可让利益，让步的数量和速度都是均等稳定的。国际上将这种挤一步让一步的策略称为"色拉米"香肠式谈判让步策略。

策略优点：这种策略对于双方充分讨价还价的情况比较有利，容易在利益均沾的情况下达成协议。由于让步平稳、持久，步步为营，这样不仅使对手不会轻易占到便宜，而且如果遇到性急或没有时间长谈的对手则会因此占据上风而获利。

策略缺点：平淡无奇的让步模式不仅让步效率低，而且通常要消耗双方大量的精力和时间，进而使谈判成本增高，且容易使人产生乏味疲劳之感。由于对方每讨价还价一次都会获得等额的利益，这就容易刺激对方进一步等待，刺激出他们想要使己方出让更多利益的欲望。

第五种，此种策略宜用于竞争性较强的谈判中，而在具备友好合作关系的谈判中不宜使用。不过，这种策略要求谈判者本身富有谈判经验。

让步策略：2.4—0.9—5.1—9.6，即在开始时在较适当的起点上让步，然后在第二阶段做出减量让步的姿态，给对方一种已接近尾声的感觉。如果对方仍紧追不舍，再大步让利，最后在一个较高的让步点上结束。

策略优点：这种让步策略富于弹性和活力，如果对手缺乏经验和耐心，则可为己方保住较大的原可出让的利益。在后两步进行大让步会让你的谈判对手对谈判成功有较大的把握，从而促成谈判完成。

策略缺点：前三阶段让出利益忽少忽多，容易使对手感到己方诚意不足；前两阶段与后两阶段相比，出让利益反差较大，对方又会因此而增高期望值，可能会力图继续讨价还价，增加不必要的麻烦。

第六种，这种谈判方法，必须是在以合作为主的谈判情况下使用。

让步策略：9.6—5.1—0.9—2.4，即在较高的起点上让步，然后依次减少，到最后阶段反弹在一个适中的量度上结束让步。

策略优点：这种让步策略在让步初期以高姿态出现，因此具有较强的诱惑力。到第三阶段仅让微利，易使对手形成尾声感，从而保留部分可让利益。若对方再坚持，又会以再获适中的让步利益而产生满足感。此种策略柔中带刚，诚中带虚，应用这种策略，谈判者将收到更好的谈判效果。

策略缺点：前两阶段让步幅度较大，容易使强硬的对手认为让步方软弱可欺，从而加强进攻。另外，前两阶段让步幅度大，后两阶段让步幅度小，也容易给对手以己方诚心不足的感觉。

第七种，假如谈判一方对谈判的期待值比较高，那么这种方法将是最佳的选择。

让步策略：7.8—5—3.4—1.8，即让步幅度在四个阶段中由大到小，渐次下降，在最后一期让出较小的利益。

策略优点：这种让步策略给人以顺乎自然，顺理成章的感觉，易于为人们所接受。由于采取一步更比一步谨慎的策略，一般不会出现失误，同时也可以防止对方猎取超限额的利益。这是谈判中采用最普遍的一种让步策略。

策略缺点：对手会形成越争取，所获让步利益份额越小的消极感，谈判终局的情绪不会很高。由于它是谈判者惯常使用的让步手法，因此也较乏味。

由于对交易成功依赖性较大，那么就理应以较大的让步率先做出姿态，并顺乎自然地依次递减让步，对手也不易对此产生反感。

第八种，这种让步策略适用于对谈判的依赖性比较小、不怕谈判失败，在谈判中占有优势的一方。

让步策略：0—0—0—18，即在前三个阶段己方坚持寸步不让，态度十分强硬，只是到最后阶段一次让步到位，促成谈判和局。

策略优点：由于前三阶段的拒绝与强硬，是以向对方传递己方的坚定信念。如果对手缺乏毅力与耐心，有可能使己方在谈判中获得较大利益。当己方在最后阶段一次让出全部可让利益时，对方会有险胜感及对己方留下既强硬又出手大方的强烈印象。

策略缺点：这种谈判方式一开始就毫不让步，很容易使谈判陷入僵局，并可能导致谈判破裂。这样，风险性也就随之增长，并且还会让对方认为己方缺乏谈判的诚意。

锁定战术使让步不可能实现

某知名谈判小组曾经做过这样的一个设想：

在单行车道上，有两辆车相向而行，两辆车上都装满了炸药，他们没办法立即停车。两辆车越来越近，一个司机为了提醒另一辆车的司机，卸下了方向盘，扔向了窗外，以示警醒。

这个时候，我们就要提问了，另一辆车的司机会怎么办？是等着两辆车都在撞击之中灰飞烟灭，还是选择自己撞向路边的沟里？

这种非此即彼的选择，我们将之称为"锁定战术"（也称"破釜沉舟战术"）。

锁定战术是一种非常具有风险性的谈判策略。它虽然能够让你坚持自己的利益不动摇，或许最后你也可以实现自己的理想谈判目标，但是这种加强自己立场的方式，同时也削弱了自己对整个谈判的平稳控制的能力。因为，一旦你采取这个战术，就等于你在向对方传递这样一种信息——我要的条件，你答应就答应，不答应就走人，我绝不妥协，绝不让步。这种赤裸裸的信息会让对方十分不舒服，对谈判的影响也是可大可小的。所以，这种战术利益大，但是风险也大。它成功的前提是非常复杂的，是受多种因素综合影响的。

鉴于这些原因，这种策略在使用的时候，是需要技巧的。比如，你虽然是在传达这样一种信息——要就要，不要就拉倒，但是，语言的表述上一定要十分得体，最起码在言辞上要让对方能够接受。而另一点需要注意的就是，在使用锁定战术，表明自己的立场之后，我们也可以向对方友好地表明，如果谈判失败，对方将有什么样的损失，这个损失可能会达到什么样的程度，这个损失越让对方觉得触目惊心，就越能够动摇对方，同时，也就越能保障我们自己不用妥协让步。

看到这里，我们可以站到对方的立场上来考虑问题，假设我们的对手使用锁定战术，我们应该怎么应对。

如果我们使用一根棍子分别打在地板和一缸水上面，效果明显是不一样的，打在地板上面，我们拿棍子的手会感觉到地板很强烈的反作用力，而打在水上面，恐怕无论使用多大的力气也是白费劲。所以，面对谈判对手来势汹汹的锁定战术，你可以像水一样，把它轻柔地带过去，简单地说，就是别太把对方放出的狠话当回事，轻描淡写地带过就好了。你可以用开玩笑的方式顺过去，也可以用某种原则作为理由把话推回去，你甚至可以和同行的伙伴一唱一和，一个不发表意见，一个大力反对等等，总之应对策略是多种多样的。比如，你可以说："喂，朋友，你的目标要是定得再高些，就可以摸到天了！（暗指目标定得有些离谱、过分）"你还可以说："你知道我的个性，我知道自己该做什么，面对强权，我从不低头的，所以，该谈的问题，我们还是得谈。"

对于锁定战术，我们还能做的就是不要在森林里只选择一棵树，你找到的树越多，就意味着你的机遇越多。也就是说，别把自己限定在只和一个人谈判、一家公司谈判，而要更广泛地撒网，捞取更多的鱼。在这种情况下，哪怕你最后选择不和对方合作，也还有其他的合作机会。

第六章

理性之外的谈判

情感，既是谈判的障碍也是财富

不要只是把谈判当作冷冰冰的机械运作，而是要考虑到活生生的感情因素。要知道，谈判双方都是人，是人就当然会受到情感的影响。这是再理性的谈判都无法避免的一面。

对个人而言，一场谈判越重要，他就会变得越不理性，无论是事关世界和平，还是一宗百万美元的交易，或是你的孩子想要一个新玩具，你都可能受到感情的影响而变得不理性。而不理性会导致情绪化，情绪化又会导致无法倾听别人的想法，因此对失去理性的人说再多的话也是枉然，无论如何都无法说服他们，尤其是对他们讲道理，还可能引起反面的效果。所以，在谈判中要尽力体会对方的情感世界，做到感同身受。如果有必要，不妨向对方道歉，重视对方，或提供其他一些能让对方头脑清醒的东西。

我们可以用雷诺 – 日产联盟当年的并购来讨论一下我们此刻的观点，这个案例向我们说明了联络感情，建立信任关系和长久的社会关系的重要性。尤其是谈判前的准备，使这次谈判成为通过情感圆满结束谈判的经典案例。

雷诺汽车是法国汽车制造企业。1898 年 10 月，路易·雷诺在布洛涅 – 比扬古创立雷诺工厂，后改组为雷诺股份有限公司，生产各种车辆。1914 年，田建治郎等人创建"快进社"，于 1934 年改为日产汽车公司。日产公司生产的轿车品牌很多，有总统、公子、桂冠、地平线、西尔维亚、羚羊、王子、南风、紫罗兰和小太阳等。"NISSAN"是日语"日产"两个字的罗马音形式，是日本产业的简称，其含义是"以人和汽车的明天为目标"。

但是，日产从 1992 年开始转入经营不佳的状况，除了 1996 年情况略有改善，年年都出现巨额亏损。1998 年的赤字更高达 140 多亿日元，甚至把累计债务总额提升到 25000 亿日元。后来，日产虽然实施一定规模的改革，包括变卖总公司大楼，出售子公司股份，关闭最现代化的座间制造厂，同时也精简组织、裁减员工等，但结果还是抢救无效。加上国内经济低迷，汽车销量持续下降，日产本财政年度的预计亏损额会继续保持在 100 亿日元的规模，累计有息债务仍将超过 20000 亿日元。

2000 年，雷诺汽车打算并购日产。在日产明显处于劣势的情况下，雷诺管理层并没有用一边倒的方式去打压。他们将谈判重点放在了并购后可能会出现的问题上，以及如何处理、如何更好地融合上。这种考虑是出于防范并购后的冲突和矛盾，这种事先谈判，具有很长久的良性功效，也为雷诺 – 日产联盟后来的融合奠定了基础。

在谈判之前，雷诺发现有收购日产的时机时，公司高层已经着手进行准备了，他们不仅学着去理解日产本身的历史、发展和现况，同样也去试着了解日本的文化和经济。所以，他们在并购之前就设想了日产管理者的压力，同时也考虑到日本员工的民族情感。

所以，有了这种顾虑感情因素的思考之后，雷诺从一种更人性化的角度着手谈判。他们没有因为日产处于明显的经济劣势，就表现一种居高临下的优越感，而是营造一种更加尊重和平等的氛围。以帮助和合作为重点，还为预防员工产生抵触情绪做好了方案准备。

雷诺称此次的目标为"策略联盟"。

在并购之后，雷诺新上任的 CEO 更是展现了关怀为主的方针策略，他并没有着手开始革新，而是通过倾听来了解日产的员工情绪、相关问题。雷诺更是将企业管理透明化，以削弱日本员工的抵触情绪。

这一系列的准备及细致的感情攻略，表现出了雷诺公司的职业素质。所以，这次的攻略对谈判的展开、深入和成功，都有十分巨大的帮助。

这个案例让我们了解到，无论是有怎样利益纠纷的谈判，人性化的情感因素是不得不关注的。建立谈判的信任关系，不仅对本次谈判本身有益处，更能够帮助到之后的长远利益和下一次谈判的成功。美国著名经济学教授詹纳斯·科尔耐也提出过类似的观点："我把在控制情感上的软弱无力称为奴役。因为一个人为情感所支配，行为便没有自主之权，而受命运的宰割。"所以，在整个情感沟通的过程中，我们要一直保持客观理智而有感染力。

那么，情感沟通要怎样进行呢？它的每个阶段要达到什么效果才可以呢？如果按照程度深浅来做区分的话，我们可以将之分为三个阶段：

营造和谐的氛围；（关键词：氛围）

建立信任关系；（关键词：信任）

达成共识和默契。（关键词：默契）

营造和谐的氛围：对对方的情绪、情感、心理需求有回应，而不是从开始就接触对方，进入到"你赢我输"或"你输我赢"的对立关系中。要让对方感受到自己良好的用心，再辅以相关的沟通技巧，双方将会感觉更好。

↓

建立信任关系：建立信任关系可以大大降低社会、企业以及人与人之间交往的成本。比如，我们可以参考如下方法：

不要过多隐瞒，欲盖弥彰，而要适当透明化；

你可以不同意，但是必须表现出尊重对方的观点和利益；

展示自己安全、健康的一面，并且有品牌的竞争力；

从各种角度思考，尽量展现出公平；

尊重事实和客观条件；

不断发生的信息科技变化要求新的忠诚；

有大局观，关心社会、关心整个环境等；

尝试去理解对方的文化价值，你可能会有惊喜；

……

↓

达成共识和默契：协同具有默契的形体，但就其实质而言是不同的，协同是被动、不具有创造性，而默契具有相当的创新能力和一拍即合的感应力。默契以相互的信任、了解为基石，以朝着同一目标共同努力的行为为砖瓦，将感性沟通引向超越行为、语言层面的最高层沟通，即心与心的沟通。

杨宇是某金融公司的理财顾问，现在，他要与新开发的客户王女士进行谈判，以期获得王女士的理财投资，他们的谈判内容如下。

杨宇：王女士您好，非常荣幸能成为您的理财顾问，您看起来真有气质，想必也是一位成就斐然的女强人吧！

王女士：小杨，你过奖了，我只不过是自己做了些生意罢了，女强人实在是谈不上。

杨宇：您太谦虚了，王女士。您看今天天气这样好，还真是适合出来坐一坐，谈谈理财投资呢。

王女士：你说的是呀，这样的天气，感觉让人的心情都变好了呢。

　　杨宇：是呀，王女士，那咱们开始说理财的问题吧。不过在开始之前呢，我还是想和您说一下，Ａ款理财产品是非常不适用的一款，表面上看起来似乎收益很高，但在实际的投资理财过程中，它的附加价值是最低的，客户对它的评价也不是很好，所以我并不建议您买这一款。虽然如果您买这一款，我会得到更高的提成，但是我还是不想这样做。

　　王女士：那真是太感谢你了，小杨，没想到你是这样正直的人。那就听你的吧，Ａ款产品我就先不考虑了。另外，你给我推荐一款产品好了，我对这些东西的了解也不是很多。

　　杨宇：好的，王女士，感谢您的信任。那我建议您买Ｃ款产品，这款产品虽然收益稍低，但是产品的附加价值较大，而且产品稳定，基本上是稳赚不赔的。

　　王女士：很好，小杨，那我就选这一款吧。关于付款的手续，我过几天会去贵公司办理。

　　杨宇：好的，王女士，非常感谢您的信任，我会做好您的理财管家，请您放心！

　　案例中，杨宇就充分运用了情感沟通的方法，逐步获取了王女士的信任，最终实现了协议的达成。

　　情感是种沟通，也就意味着它是双向的，这就注定了情感本身的模仿力和感染力。简单地说，就是当你向对方展示一种友好的态度时，对方的敌意或者抵触会不知不觉地有所降低。这时，你向对方传染着你的良性情绪，那么对方也就反馈地模仿着你向他展示的情感态度。

那么，感情的模仿和传染，在谈判上到底是好还是坏呢？

你感染着对方，也意味着你有可能被对方感染。这种双向影响看上去似乎是不明智的，但是，在谈判中，我们总是维持着一种情感态度，这无论是对自己还是对谈判氛围本身来说都是不利的。有时候，我们可能想要别人调整自己的情绪。例如，如果我们正感到沮丧和生气，接受使我们放松的对方的情感，就可以提高我们的兴趣。不过，在生活中，有些人总是强调"将模仿和感染进行到底"，其实，这也是容易出现危机的。比如，下属有可能模仿上级的习惯、手势、说话方式、穿衣风格，甚至对汽车和酒的选择。危险就是我们并不知道什么时候这种行为变得明显或者触怒了别人。就好像一个年轻的助手为了使老板高兴，穿了一件方格呢西装，因为老板总是穿着方格呢。结果愤怒的老板命令这个助手立刻回家换掉他的衣服，因为他感觉到自己的身份被别人偷走了。

这就是奇怪的感情，有时候可能对你有利，有时候可能有对你无益，结果如何就要看你到底是如何利用它了！

不要忽略建立关系的机会

不把对方当人，忽视他们的反应，往往会给谈判带来灾难性后果。在谈判中，不论什么时候，从着手准备到后续工作你都应该问一下自己："我对人际关系问题是否足够重视？"

拥有法学与商学双重背景的美国知名教授古汉·萨布拉玛尼指出："在我的印象中，信任、共识与关系，在中国式谈判中最为关键。展开任何谈判前，都必须谨慎地花时间建立关系及信任。但在美国，则很快就可以进入状态。"所以，根据情况的不同，那些希望拥有长期的关系或者期望与对方在将来也能有一些交流的谈判者，往往更有可能经历并且表达情感，因为他们在谈判交往中参与得更多、投入得更大。处于长期关系中的人一般都拥有一个开发得很好的，能够和对方的反应同步的移情系统。拥有亲密和长期关系的人更容易相互协调，也更容易在谈判中达成一致的观点，促成谈判。有一种说法是，先做朋友再做生意。也就是说，双方在进行某种利益、需求交流之前，要先建立关系。要谈判，就免不了要定价格、谈费用、要支持等，因为立场不同，观念不同，要求不同，谈判也就免不了会发生冲突。但是，我们要明白，冲突的焦点在于自身或者所代表公司的利益冲突，而并不是双方个人关系的冲突。在谈判桌上谈得一清二楚，把能够拍板的地方确定下来，不能确定的地方再等领导拍板，很多问题也就迎刃而解了。也不至于在谈判过后，因为谈判中害怕冲突，而谦让得过多，导致公司利益受损，如果是这样的话，反而会在心中结下一个疙瘩，感到歉疚。比如，当我们与代理商进行销售任务与费用支持谈判的时候，我们可以在谈判桌上讲得一清二楚，而不至于糊里糊涂，影响公司的正常发展及双方的私人关系，双方合作起来也会很顺利。

在上面我们也已经说过，谈判者应该站在利益上，而不是立场上。这种利益和立场的微妙关系，就表现出每个谈判者的两种利益：

实质利益	关系利益
每个谈判者都想达成满足自己实质利益的协议，这正是人们谈判的原因。这是谈判的本质和需要根本解决的利益	保持与对方的关系，可以创造和谐的谈话氛围、社会联系，这种利益更为长远

我们可以来看看下面这一段对话。

杰克的女儿考入了英国剑桥大学，为了向女儿表示祝贺，杰克决定给她买一台笔记本电脑作为礼物。于是，他来到电脑商城。

店主：先生您好，请问有什么可以帮您的吗？

杰克：嗯，是这样的，我的女儿即将上大学了，我想为她买一台笔记本电脑作为入学礼物。您有什么好的建议吗？

店主：噢，是这样啊，真是太棒了。恭喜您的女儿，同时也祝贺您有这么优秀的孩子。

杰克：您过奖了。

店主：您看这一台怎么样？这是本店最新款的产品。它的外观时尚大方，而且内部配置很不错，很适合女孩子使用呢。很多家长都给孩子都买了这一款，买过的人对它的评价也很高呢。

杰克：嗯，这款看起来不错，相信我的女儿也会喜欢它的。那这个价钱是多少呢？

店主：真是太巧了，先生，本周店里正在搞活动，这台电脑原价 3000 美元，现在打八五折，只需要 2550 美元就可以了。

杰克：呃……这个价钱有些超出了我的预算，您看，还可以再优惠一些吗？

店主：先生，看得出来您很疼爱您的女儿，而且，女孩子总是想收到一些精致的礼物。您知道，尤其是女孩子，有时候她们的心是很敏感的。如果只是很普通的一款笔记本电脑，她们可能会觉得，爸爸似乎没有那么爱我了，他只是在敷衍我！我自己也有孩子，所以我知道，这些小家伙有时候是很难伺候的！而这款电脑这样精美，相信您的女儿也一定会很喜欢的。

杰克：是啊，女孩子的要求，有时候确实是让人蛮头疼的。

店主：先生，要不然这样吧，为了庆祝您女儿顺利考上大学，我再给您优惠一些，2200 美元，真的是最低价了。

杰克：嗯，好吧，那您帮我包起来吧。为了我亲爱的女儿！

店主：好的先生。也请您帮我转告您的女儿，祝贺她考入大学，也祝福她学业顺利。

杰克：谢谢您，您真是一位很不错的店家，以后我有什么需要还会过来的！

店主：好的先生，这是我的名片，有事可以联系。比如清理电脑什么的，我可以提供上门服务。

杰克：那真是太好了，非常感谢！

从这段对话里面，我们可以看出，电脑商城的店主既想要卖出笔记本电脑，又想要让买家成为老顾客。店主的两种利益就表现得比较明显。如果出于店铺的长远发展考虑，店主与买家保持良好关系则是更重要的。如果店家更看重将笔记本电脑卖出去，而不在乎是否会受到对方的尊敬或喜爱，以牺牲人际关系为代价来换取实质利益。那么他就会让买家觉得"既然你无法和我保持一致的想法和观念，那就算了"。不过，有时在实质问题上妥协也并不能换来良好的关系，只会让对方觉得你好欺负。所以在谈判中也要掌握好一个度，而这个度是需要我们自己来掌控的。

双方的合作关系至少应有助于达成一个兼顾双方利益的协议。当然还有更重要的目的。多数谈判是在人际关系不断发展的情况下进行的，因此谈判是围绕着促进而不是有损人际关系，以及为以后的谈判铺路的目的而展开的。事实上，在和许多长期客户、商业伙伴、家庭成员、同行、政府官员以及不同的国家进行谈判时，维持关系的意义远远高于某个谈判的结果。

早些年，RealNetworks 公司向美国联邦法院提起诉讼，指控微软滥用在 Windows 上的垄断地位，理由是微软限制笔记本电脑厂商预装其他媒体播放软件。不管 Windows 用户是否愿意，他们都不得不使用绑定的媒体播放器软件。为此，RealNetworks 要求获得 10 亿美元的赔偿。

然而，案件还没有结束，令人意外的事情就发生了。RealNetworks 公司的首席执行官格拉塞与比尔·盖茨联系，表示希望微软能为其提供技术支持，让 RealNetworks 公司的音乐文件能够在网络和便携设备上播放。就在所有人都认为比尔·盖茨一定会拒绝他的时候，难以置信的事情发生了，比尔·盖茨竟然接受了这样的请求。

之后，微软与 RealNetworks 公司达成了一份价值 7.61 亿美元的法律和解协议。微软将 RealNetworks 公司的 Rhapsody 服务加入微软的 MSN 搜索、MSN 信息以及 MSN 音乐服务中，并且使它成为 WindowsMediaPlayer10 的一个可选服务。

从上面的案例也可以看出，解决实质问题和保持良好的合作关系并非矛盾，只要谈判各方能够在心理上做好准备，依据其合理性分开处理这些问题，并愿意为之而付出努力，就能够解决实质问题和保持良好的合作关系。当然，这也要求我们能够有更为准确的解决问题的方向。

认知要正确：能够坚持自己的观念，理解对方的观点，对整个谈判的本质问题有正确的了解，不要轻易带入个人情绪。

交流要精准：不要用带有歧义的语言去阐述或者回答问题，说话要有逻辑性，同时，要明白人情交流的内涵。

眼光要长远：以能够建立关系，顺利完成下一次愉快谈判为基础，来进行这次谈判。但是，不要指望通过一味地牺牲来换取自己的利益。

人们在谈判中容易忽略的是，不仅要面临对方的人际问题，还要处理好自己的人际问题。要明白一个道理，你的愤怒和沮丧很有可能会妨碍你和对方达成一项有利于自己的共识。你的认识可能是片面的，你可能没有充分倾听对方，没有与其进行充分的交流。下面将介绍一些方法，这些方法对谈判双方解决人际问题都很适用。

首先，最重要的一点就是要对谈判环境进行考虑。考虑你和对方之间是何种关系，考虑强硬地讨价还价是否会被人含恨接受，你的声誉是否会因此而受到影响。你与对方应该在何种框架下进行互动等。比如你可能已经很好地估算了议价区域并出色地向对方解释了你的报价，但是如果你忽视了你的战术对你与谈判对方关系的影响，那么协议最终还是无法达成。或者不仅无法达成协议，还会破坏你和对方之间的关系，甚至会让你的声誉在谈判桌上毁于一旦。所以你的辩解应该是建立在你对谈判对手需求的理解和对你们之间关系敏感性的理解之上的。你的目标不应该只是在实现利益最大化的同时维持谈判双方之间的关系，而是既要做一笔大生意，又要增进你和对方的关系，并提高你的声誉。你可能需要放弃一些短期收益以实现你的目标，但这种付出往往是值得的。

别让文化差异成为谈判障碍

　　文化是一个非常广泛的概念，笼统地说，文化是一种社会现象，是人们长期创造形成的产物。同时它又是一种历史现象，是社会历史的积淀物。确切地说，文化是指一个国家或民族的历史、地理、风土人情、传统习俗、生活方式、文学艺术、行为规范、思维方式、价值观念等的总和。

　　跨文化谈判是一种在具有不同思维形式、情感方式及行为方式的主体之间展开的谈判形式。谈判过程通常是较为复杂的，因为谈判过程涉及不同文化规范，而意识不到这种不同文化规范的力量就可能使双方的交流功亏一篑。然而，商务谈判作为人际交往中的特殊形式，必然会涉及与不同地域、民族、社会文化的谈判主体的交往与接触，这也就很容易出现跨文化谈判的问题。

　　文化差异对跨国谈判而言，是极其重要而又烦琐的变量。与在同种文化中达成协议相比，跨文化协议花费的时间通常要多得多。比如，莫斯科第一家麦当劳的建立，花了将近 10 年时间；在西班牙，你可以在晚餐时间（晚上 9 点或 10 点）谈生意；在拉丁美洲，延迟半小时或者更久开始谈判，都是十分平常的事情；而在日本，对方可能会不停地重复自己的谈判主题……

所以，正如某一期《哈佛商评》中原中美合资天津奥的斯电梯公司的一位美方代表所言，"中国伙伴在谈判桌上表现出与我们不同的文化价值观念，中国人对合同或协议的看法，对合作伙伴选择的标准，对知识和软件的看法等等，都与我们不同，谈判有时会因此陷入困境……"对此，美国一位资深企业家甚至断言："如果能有效地克服文化障碍，美国对华投资、贸易量可以比现在增加两倍。"

由此可想而知，在谈判双方的文化差异、内涵上下功夫，选择正确的策略，将对谈判大有助益。

跨文化谈判有三种类型：

交易谈判，即买和卖的谈判；

决策谈判，即当存在多种可能和冲突性选择的时候达成协议的谈判；

争端解决谈判，解决由于提出的求偿遭拒绝所产生冲突的谈判。

这三类谈判中，无论哪种，其实都涉及以下三种文化价值观：平等主义和等级主义；个人主义和集体主义；沟通的低背景规范与高背景规范。这三点也是谈判出现文化差异和纠纷的源头所在。

在谈判策略中处理跨文化问题的时候，需要你根据所调查和了解到的文化内涵进行可调控的策略转变。以下四种方式是我们处理跨文化谈判问题的基本策略。

信息

当谈判一方对另一方的文化不甚了解的时候，因为文化误解可能造成谈判无法顺利进行。如果你是倾向进行适当信息共享的人，那么，你可以冒着被利用的风险，做到部分信息透明化。这个策略可以快速地让对方对你产生部分信任，建立起一种较为和谐的氛围。当谈判双方都表明自己的所需和利益的时候，并且彼此的利益又都在可接受范围内，那么，也就能很快地建立起互惠的关系了。当然，信息共享是有风险的，也就是说，并不是你做到部分信息透明化，就一定会获得对方的信任。

对抗

对抗分两种，直接的和间接的，直接的包括双方面对面或者通过媒介直接传达彼此的观点并进行沟通；间接的是通过第三方或者非语言行为来传达。其实，在谈判遇到阻滞的时候，我们可以考虑一下间接对抗，思考一下什么样的第三方能够对你们的沟通起到助益。尤其是在处理程序性冲突和人际冲突方面，间接对抗也许比直接对抗更有效。而在谈判中需要团队所有成员的知识、技能和承诺时，出现的冲突就需要直接面对了。

影响

在社会交往中有很多不同的影响力基础，但有两个基础对谈判似乎特别重要：最佳替代方案（常用在采购谈判中，采购方为了供需双方的平衡而选择最佳代替方案。此方案并非采购方最想获得的价格、服务、运输、付款期等条件的最佳方案，而是退而求其次的选择，被设定为谈判的最佳底线）和公平标准（可以是合同或法律，也可以是社会地位，如年龄或经验，或社会意识形态，如公平、平等或需要）。比如，谈判双方一方来自等级文化的国家，另一方来自平等文化国家，双方如果在谈判中只是纠结于是非对错或者权力大小的问题，那么就很可能产生阻滞和僵局。

动机

动机和谈判者本身的利益有关——自身的、对方的、局外集体的……所以，这个时候，需要谈判者学着调节个人主义和集体主义文化的差别。更多的是需要考虑到多方的利益，多角度寻找可以变通解决问题的方案，而不是仅仅纠结于自己是否能够获取完全的利益，或者我的让步是否冒着极大的危险等等。遇到这样的问题，需要的更多的是能够解决实际问题的方法。

有时，面对面并非最好的谈判方式

面对面谈判，顾名思义就是谈判方直接地、面对面地就谈判内容进行沟通、磋商和洽谈。这种谈判方式属于传统的方法，甚至在日常生活中也很常见。人们通常认为面对面的交流是最好的沟通方式。

然而，欧洲工商管理学院组织行为学助理教授罗德里克·斯瓦伯告诉我们，与他人面对面沟通并进行目光接触并非总是最佳的方法，包括在重要的商业谈判中。

因为研究的结果没有确定的答案，有一些案例肯定了面对面交流的好处，而另一些研究结果却刚好相反，认为目光接触可能会对谈判不利。所以只能说，面对面的谈判恐怕并不会一直有用。

面对面的谈判方式是最古老、使用最广泛的谈判方式，其既有优点也有缺点，因此，在商务谈判方式的选择上，应以充分发挥面对面谈判方式的优势为原则。在比较正规、大型的谈判以及谈判各方相距较近的情况下，面对面谈判比较适宜。

如果谈判各方认为面对面谈判效果较好，是可以选择面对面谈判的，但他们往往也不能立即判断出是否可以采用。

经研究，目光接触和眼神传递往往也存在缺陷。首先，面对面谈判容易使谈判对手了解己方的谈判意图。谈判人员的举手投足、语言态度，甚至面部表情都可以被用来推测谈判意图以及最终目标。

面对面的谈判方式，往往要在谈判期限内做出决定，也难以充分利用谈判后台人员的智慧，因而要求谈判人员有较高的决策水平，同时，在较短的时间做出决策也增加了失误的可能性。

泰戈尔曾说过，任何人一旦学会了眼睛的语言，表情的变化将是无穷无尽的。一个人的内心活动，经常会反映在他的眼睛里，而谈判对方透过眼睛就能看出其中的大概，这是每个人都很难隐瞒的事实。

因此目光接触和眼神传递在人们不了解对方的情况下大有助益。当双方没有强烈的合作或竞争意向时，目光接触是可行的。但是，谈判者要记住，解读眼神时不宜过于自信。

但在很多情况下，还是应该避免面对面的谈判，另辟蹊径。倘若协商的双方已经有所冲突，正面的目光接触则是不可取的。双方存在分歧矛盾，甚至是已发生严重冲突时，将双方分隔开反而更有利。

在现代商务活动中，电子通信方式的大量应用也为解决这个问题提供了方法。当分歧或谈判冲突面不大时，电子邮件和即时通信是改善交流的好方法。

耶鲁大学的研究者认为他们已经掌握了眼神接触的真理。他们认为眼神接触越多的人，精神越奋发进取。但在进一步的研究中，研究者发现眼神接触对于男人和女人的影响是不同的，也就是说，男性和女性的交流方式有显著差异，这其实也从另一个角度证明了面对面谈判并不适用于所有场合。

女性受到更多目光关注的时候，容易对看自己的人产生亲密的感情，就像两个女孩在一起玩，更喜欢面对面坐。而对于男性来说，就不一定是这样了，当他们被其他男性看太久的时候，较容易产生敌意，甚至会产生被威胁的感觉。

"至少在西方文化下，男性会尽量避免直视对方，他们认为那样做是一种支配性姿态。"斯瓦伯说。

这表现在商业谈判中会直接影响谈判效果。目光接触往往为互不相识的两名女性带来助益，而对两名互不相识的男性来说，效果则恰恰相反。

也许对于男性来说，电话和电子邮件的交流反而是消除他们之间屏障的一种好方法。

在谈判过程中，还可以选择对方不太擅长的交流方式，这样做可以有力地压倒对方，为己方赢得优势。

总之，无论是面对面交流还是通过即时通信交流，都需要根据对手以及谈判的目的来选择谈判方式。采用自己擅长的谈判方式，将为自己赢得更多的时间和机会，在谈判中尽占优势。

值得注意的是，在谈判之前，确定相应的谈判方式是很重要的。谈判高手在这方面有着很成功也很丰富的经验，他们的成功也正是建立在这些经验之上。了解对手是谈判获得成功必须做的准备，只有在这种准备的基础上，才能选择具体而有效的谈判方式，面对面，或者不见面，都能使自己立于不败之地。

第七章

从不良情绪走向问题的解决

承认有情绪是一件自然而然的事

谈判者在谈判过程中就跟在生活中一样，有可能存在很多不同的情绪。简单地说，你在谈判过程中，由于各种原因可能会出现生气（谈判对方对你使了卑鄙的手段）、高兴（你感觉自己即刻就能赢得此次谈判，获得你想要的结果）、恐惧（忽然发现自己好像不能控制谈判的全局）、难过（即将到手的利益下一刻就没有了）等情绪。此时，和你情绪相应的行为也有可能同时发生。比如，我们生气的时候，可能会大喊、尖叫、讲粗话、用拳头击打东西、面红耳赤、停止倾听、身体前倾、进行威胁、停止谈话，或者用凌厉的语言压倒其他人。我们难过的时候，经常停止倾听、后退、停止谈话、停止思考、生病、哭叫、停止眼神交流。我们高兴的时候，很可能常常发笑、过分交谈、简化思考、给予恩惠、让问题顺其自然。我们恐惧的时候，有可能停止倾听、停止思考、颤抖、口吃、沉默不语、停止抵抗、逃避或逃走。

在谈判中，我们无法做到完全理智地去分析、研究每一刻。你是在谈话中为己方谋求某种利益，这就注定了要有语言交流的过程，这会让你的内心产生某些波动。所以，情绪的存在是必然的。

如果你要问，在需要保持冷静和理性的时候，有了情绪，这是一件坏事吗？

也许是，但也许不是。

为什么呢？因为这要看是在什么情况下出现了什么情绪。因为情绪可以作为察知信息的一种手段或者迷惑对方的一种技巧。比如，谈判对方获得绝对的优势，如果此刻你的情绪化很严重，无疑就会让你对自己的能力（观察能力、检验能力、推理能力）失去控制；如果对方变得情绪化，可能同样如此。而由于情绪对信息搜集和思维的影响，人们有时会把情绪化提高到对他们有利的水平。

"通过控制情绪，我懂得了谈判并非感情测试，而是一个有条理地规划成功之路的机会。"美国高盛投资公司前任副总裁翁贝尔·艾哈迈德（Umber Ahmad）曾这样说过。所以，情绪的自我控制和运用，在谈判中就会显得非常重要，在谈判前和谈判进行时，你必须要想到这样一个问题——在谈判和冲突中谁最有可能变得情绪化，并且谁最有可能受情绪影响？

谈判内容和谈判方的情绪有密切关联，用情绪影响他人的能力对谈判者来说是一种非常有利的策略和技巧。如果你能够在谈加薪的时候，让你的上司觉得那是理所应当的事情，在和丈夫或妻子的争论中让对方心服口服，让绑匪觉得自己应该即刻放下手中的武器，那么，你就已经达到了你的谈判目的。

那些富有表现力的、富有超凡魅力的人和那些迷住其他人的人是情感的最有力的发送者。他们富有高度的表达力并且有能力吸引其他人的注意。这是个性因素的影响，不过，不是谁都这么幸运，有这种上帝赐予的天赋。那么，谈判中的情绪会受到哪些因素影响呢？

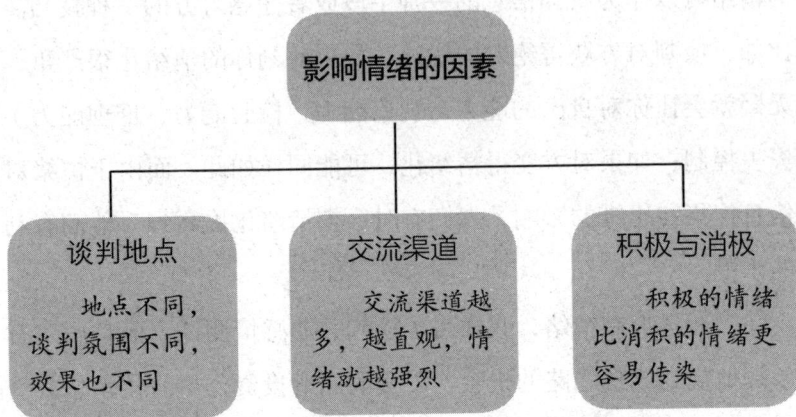

```
                    影响情绪的因素


      谈判地点          交流渠道          积极与消极
    地点不同，        交流渠道越        积极的情绪
  谈判氛围不同，      多，越直观，情      比消积的情绪更
  效果也不同          绪就越强烈        容易传染
```

　　情绪的性质不同，它的感染力也不同。与人交流的时候，积极的情绪就比消极的情绪更有影响力。比如，谈判中高兴的情绪很难压制住，同时，给对方的冲击性也会十分强烈。

　　情绪可以通过肢体语言、面部语言、声音（音调、音量等）等传达给对方。交流的渠道越多、越直观，对情绪的感受也就越强烈。比如，面对面的讨论比可视会议更具有传导性，与写信和电子邮件的传导性相比就更高了。用电话交谈或用电子邮件交流更适宜力量弱小的谈判者，因为这些形式使力量上的差别平衡了。

地点不同，营造的氛围也不同，情绪传达就会发生戏剧性的不同效果。比如，你要和恋人商谈某事，咖啡馆、西餐厅就绝对比医院、超市更具有说服力，因为这些地方感性的成分比较多。

在谈判中，尤其是商务谈判中，当双方处于激烈争执中的时候，他们从心理上已经准备好了要进行一场较量，这样的情绪可能要比准备与对方同心协力的情绪强烈。谈判者认为某事越重大，他就越注意防范对方在这件事上对他的威胁。一方的情绪会引起另一方的情绪，这种情绪如不及时疏通，就容易把谈判带入僵局甚至破裂。因此谈判者要首先了解对方和自己的情绪，尤其是自己的情绪，要防止它对你产生不利影响。

安吉和妮娜是一对夫妻，安吉是某上市公司的行政总监，平时工作繁忙，应酬颇多，妮娜是一位全职太太，虽然没有外面的工作，但家中的大堆家务和调皮捣蛋的儿子也早已让她难以应付。一天，妮娜就丈夫工作太忙，没时间顾及家庭的问题与安吉进行了一次谈话。

"嘿，亲爱的，难道你每天看不到我忙碌的身影吗？请你抽出时间关注一下家庭和孩子，好吗？"妮娜有些抱怨地说。

"实在抱歉，亲爱的，你知道的，公司有很多事情需要处理，我每天真的很忙，难以抽出时间。"丈夫显得有些愧疚。

"不要为自己找那么多的借口，明明每天只有8小时的工作时间，可你为什么非要把它增加到 12 个小时还多不可呢？你不会是在逃避些什么吧！"妮娜的语气明显加重。

"真不知道你在说些什么，你难道是在怀疑我做了什么不该做的事情吗？简直是不可理喻！"安吉的怒气似乎也被激发起来。

"你竟然这么对我说话，是我说错什么了吗？可我并不这样认为，一定是你的问题！"

"呵呵，你是在家里太闲了吗，不然怎么会有时间想这些无聊的东西！"

"什么？我闲？我每天忙得焦头烂额，而你从来都没有帮过我，你有什么资格指责我！"

二人的情绪变得很不稳定，语气也越来越强硬，最终，二人不欢而散，本来是一个很美好的周末，结果却在争吵中度过了。

可以看出，在谈判过程中，情绪是一个非常重要的因素，谈判一方的情绪会影响另一方，而双方强烈的情绪对抗最终也不会为谈判带来什么好的结果。

情绪如同洪水一样，若不及时把它泄出去，会像水库里不断涨高的洪水，给我们的心理堤坝造成强大压力。对此，我们不能采用堵的方法，因为随着水位的升高，堵塞只能是暂时的，到一定程度就会决堤，那时情绪失控的话，后果就更严重了。从科学上来讲，对于这样的情绪，最好的办法是疏导。霍桑工厂的谈话试验就是很好的例证。

美国芝加哥市郊外的霍桑工厂是一个制造电话交换机的工厂，薪资及各方面待遇都相当不错，但工人们仍然愤愤不平，生产状况也不理想。为探求原因，美国国家研究委员会组织了一个由心理学家等多方面专家参与的研究小组，对工厂生产效率与工作物质条件之间的关系进行了研究。

在这一系列试验研究中，有一个是谈话试验。在大约两年多的时间里，心理专家们找工人个别谈话两万余人次。在谈话中，专家耐心地听取工人对管理的意见和抱怨，没有任何反驳和训斥，让工人们把不满情绪尽情地宣泄出来。出人意料的是，谈话试验收到了非常好的效果：工厂的工作效率大大提高。

关于这个试验，心理学家分析，工人长期以来对工厂各种管理制度有诸多不满而无处发泄，专家们的谈话方式能让他们将这些不满发泄出来，对情绪起到了疏导的作用，从而使工人们心情舒畅，干劲倍增，工作效率自然也大大提高。

情绪性僵局

情感表露会对谈判产生重要影响，当然最期待的是谈判对手的感情泄露能有助于谈判的顺利进行。例如，谈判对手刚刚做了一笔漂亮的生意，或者买彩票中了头奖，使他在谈判中不禁喜形于色。对方高昂的情绪可能会使得谈判非常顺利，很快达成协议。然而，我们也有可能会碰到个别不如意的对手，他们在谈判中情绪低落，甚至可能对我们大发雷霆。情绪泄露在谈判中有时难以抑制。个人的情绪还会有一定的传染性，如果处理不当，矛盾激化，就容易使谈判陷入不能自拔的境地，形成情绪性僵局。

小刘是某大型化工企业的技术人员，一次，公司要与另一个机械设计公司合作设计一条新的生产线，并派小刘作为代表与对方进行谈判。在谈判中途，对方代表突然接到一个电话，挂掉电话后，对方的脸色变得有些暗淡，并面露怒色，但是在场的其他人并不知道到底是发生了什么。小刘也并没有注意到对方的这一变化。

"王先生，现在我们可以回到我们的谈判上来了吗？您要知道，在这次合作中，我们整条生产线的设计都交由贵公司来负责了，这足以看出我们对公司的信任以及合作的诚意。至于费用，我们刚才已经商量过了，20 万是我们的最终出价，而这个价格对你们来说绝对是一个不错的价格了，您觉得呢？"

"我觉得？但是我并不是这么觉得，作为甲方，你们总是想尽力地压低我们的价格，你们有考虑过我们设计人员的辛苦吗？因为你们的一句话，我和同事们就有可能要加班到天亮，有一丁点的错误，你们就会没完没了地指责，你觉得这是不错的价格，这只能说是对你们而言，对我们，还差得远呢！这次设计费用是

25万元，没有商量的余地。"对方代表态度十分坚定，粗暴的语气也引起了小刘的不满。

"王先生，这样的话，咱们的谈判就很难进行了。看来贵公司与我们的合作诚意也并没有我们想象中的那么高啊。"小刘的语气略带嘲讽和不懈。

"呵呵，我看没有诚意的是你们吧……"

那么，面对这种谈判僵局，双方争执不下，致使谈判毫无进展的情况，我们应该如何妥善处理呢？

很多人对于谈判在认识上有一种误区，觉得只要是表现得能言善辩就一定是最好的谈判者，这是十分危险的一种想法。过于强势地表现自己口才的人，往往容易给人一种咄咄逼人的印象，因为你急于将自己的想法强加给对方。如果谈判双方都是这样的人，那么就很容易演变成无法取得结果的竞争型谈判。我们最好拥有这样的观念——以人性化的方式让对方改变观点或心态，达成共识。

如果对方情绪恶劣，具有攻击性和竞争性，那么，最简单的方法是在双方即将撞击的那一刻，巧妙地闪到一边，顺水推舟，告诉对方："我来这里是跟您谈生意的，不是来跟您一决雌雄的，我想我们有更重要的事情要处理，大家都不愿意浪费时间，我们为什么不先达成协议，如果有时间的话，再争个胜负也不迟。"对付这种人最不明智的做法便是和他同样具有攻击性，如果以相同的情绪回击，结果只能使对方不快，甚至拍桌子走人。

有经验的谈判高手建议，处理谈判中的情感冲突，不能采取面对面的硬式方法。采取硬式的解决方法往往会使冲突升级，反而不利于谈判的继续进行。对待过激的情绪问题，我们不妨从以下三个方面来着手解决。

情感
措施

变换
方向

休会
改期

什么是情感措施？

我们不止一次地提到过，谈判的对象是人，是人就会有情感，就会有一种建立社会需求和社会关系的心理。当一次谈判无法再正常运行的时候，我们可以试着淡化谈话中的矛盾，将各执己见、互不相让的紧张气氛舒缓下来。比如，建议把手头的问题放一放，组织双方人员共同去游览观光、出席冷餐会或参加文娱活动等。即使在游乐的过程中，双方也不妨不拘形式地就某些僵持的问题交换意见，在融洽轻松的气氛中消除障碍，使谈判出现新的转机。在商务谈判中，为了缓和气氛，对于已经合作过的对象，我们可以回顾双方以往的合作历史，强调和突出共同点和合作的成果，以此来削弱彼此的对立情绪，达到打破僵局的目的。

什么是变换方向？

我们都知道，谈判不仅仅指商务谈判，它涉及生活中大大小小的两人以上的争论性内容，这一点我们已经在上文有所提及。所以，我们不能将每一个谈判者都理解为具有专业知识和礼仪的职业谈判人员。很多时候情绪性僵局并非因为双方本质利益的冲突，更大程度上是因为谈判人员本身的因素造成的。这些因素包括谈判人员的性格、年龄、知识水平、生活背景、民族习惯等。在出现情绪性僵局的情况下，如果处理无效，我们可以及时更换人员，把矛盾转移。

同时，这种做法也可以用在谈话技巧上。先撇开争执的问题，去谈另一个问题，而不是盯住一个问题不放，不谈妥誓不罢休。例如：在价格问题上双方互不相让，僵住了，可以先暂时搁置一旁，改谈交货期、付款方式等其他问题。如果在这些议题上对方感到满意了，再回过头来谈价格问题，阻力就会小一些，商量的余地也就更大些，从而弥合分歧，使谈判出现新的转机。

什么是休会改期？

休会主要用于商务谈判，是谈判人员比较熟悉并经常使用的一种策略。从生理上来说，它能够恢复谈判人员的体力，从精神上来说，它是调节情绪、控制谈判过程、缓和谈判气氛、融洽双方关系的一种策略技巧。谈判双方有观点、情感、利益上的冲突，如果继续谈下去，也只能是徒劳，甚至有可能将之前辛苦建立的成果都清零。所以，在这个时候休会，是给双方一个冷静思考和再处理的机会，让彼此都能够客观地分析形势、统一认识、商量对策。

谈判的任何一方都可以把休会作为一种战术性拖延的手段。比如利用休会时间走出房间打个电话，回到谈判桌边时可以说："原来说过要在某一特殊问题上让步是不可能的，但是上级现在指示可以用一种途径，比如……"这样让对方感到你改变观点是合理的。但是，在休会之前，务必向对方重申一下己方的提议，引起对方的注意，使对方在头脑冷静下来以后，利用休会的时间去认真地思考。比如，休会期间双方应集中考虑的问题可以为：贸易洽谈的议题取得了哪些进展，还有哪些方面有待深谈，双方态度有何变化，己方是否调整一下策略，下一步谈些什么，己方有什么新建议？如此等等。

那么，当对方采用这种休会的策略时，我们可以根据自己身处的境况，用不同方法处理。

我方占优势。当我方有绝对优势的时候，这种一边倒的趋势就可能给对方很大的压力。这个时候，对方休会的意见，我们可以适当地佯装不知，直到对方有所让步。

双方优劣相等。如果对方因为长时间的战斗，已经开始出现疲劳并要求休会的时候，我们可以设法再拖住对方多聊一段时间，在精神倦怠时，也是对方意志薄弱容易妥协的时候。

别忘了自己的初衷

在某些情况下，我们会变得斤斤计较，十分在意对方是否与自己意见一致。这时，意见不合似乎就成了引发谈话矛盾的最主要原因。我们同意的，他们不同意；我们需要他们做的，他们不想做。无论我们最后是否坚持己见，意见不合都会让我们产生一种受伤和失落的感觉，或是让我们觉得自己被误解了。而且，由意见不合所造成的影响还会一直延续到将来，无论何时，我们只要一想到它，当初所受的伤害和失落感就会不由自主地涌上心头。

随着谈判的进展，不知不觉之中，你可能会把击败对方、驳倒对手作为自己谈判的目的，或者是其他的各种因素，如上文提到的，情绪化的产生就不是不可能的事了。但很多时候，我们需要明白一点，谈判是为了实现彼此利益而探讨达成共同观念的方式，所以，这个时候，千万不能因为情绪的侵袭，就忘了自己的初衷——

你在这里，和另一个或者另一群人进行谈话，是为了什么？

你想要从对方的身上获取什么？

你的目的是否已经达到了？如果还没有，那么，现在你到底在做什么？

谈判并不是要证明你比对手更高明些，而是为了取得更多的利益。如果你觉得鲁莽地接受对手的要求会后悔不已的话，就请暂时回到谈判的起点去。比如说，你在进入会议室之前，想过要达成什么样的目标，或者前天双方进行协商时，你说过要实现什么样的目的。深呼吸，平心静气地反思一下。在律师之中，有些人会这样：他们把令对手屈服作为谈判的目的，把委托人对自己的委托忘得一干二净。这一点，就是我们要劝诫自己的地方。

如果在谈判的时候，我们因为情绪原因有所阻滞，就要问自己以下几个问题——我们为什么而争论？争论对这件事有什么益处？为什么从一开始的和谐共处演变到现在的硝烟弥漫了呢？到底是哪个环节出了问题？我们要怎样才能把问题的实质和关键引回到起点呢？

宽容一点，告诉自己，"每个人都有自己看待事物的观点"，每个人都有自己的想法，不要总觉得正确的只有自己，每个人所处的立场和角度不同，追求的利益和需求就不一样。如果每个人的想法在一开始便是千篇一律的，那么，就根本没有谈判的必要——也根本就不会有谈判了。

"我们坚持的是否正确"，我们应该让脑海里回荡这样一种声音。如果你所坚持的，换来的只是一场无谓的争辩，永恒的怪圈，那么，你就应该考虑自己是否应该继续下去。无谓地争辩，这种行为本身是解决不了问题的。我们都觉得对方可能无视我们的想法，忽视我们本身的情绪，我们觉得对方是不可理喻的，并认为自己受到了不公平的对待。

其实，我们本身并不是纠结在是否受到尊重和重视这一点上，而是被结果的挫败感所打击。所以，当我们为这种可能到来的不利于自己的结果烦恼的时候，我们已经开始忽略自己的初衷了——忘了自己到底是来干什么的，忽略了问题最关键的本质，只是在为一个可能伤害到自己的未来而忧虑和烦恼。

那么，你抓错重点了！

然而，虽然是这样，摆在我们面前的选择似乎也只是继续争辩下去，因为，我们可能根本就不知道下一步应该怎么办。我们没办法假装情绪已经不存在，假装刚才的争论甚至争吵都能像雾一样散开，我们根本就没办法当作什么都没有发生过，而若无其事地回到起点。不过，如果争辩于事无补，那我们又能做点什么呢？

那就是守住底线，绝不动摇地坚持事先决定好的"回落目标"。

也就是说，在谈判前，我们一定要确定好自己的底线，也就是"回落目标"。尤其是要定好自己所能够接受的最低限度的条件或最低价钱。否则，如果我们只是一味降低目标向对方妥协，那么，等谈判结束以后，我们很可能会十分后悔——"为什么我当初就不能再坚持一下呢？""为什么我会一再地退让呢？""哦！天哪！我竟然已经损失了那么多东西！"因为有一些谈判，尤其是在进行国际贸易洽谈的时候，很多人因为持久战而疲劳，会逐渐有所松懈，乃至于最后产生倦怠的情绪。他们会对自己说——

"噢！我真是太累了，我真想回去美美地睡上一觉，吃上一份完美的早餐！那么，我现在稍微让步，吃些亏，也是可以原谅的。""真希望这样的谈判早点结束，真是让人心情不快！"

当谈判中遇到了各种问题——情绪性、生理性问题——比如，你生气了，你疲劳了，你甚至有点想放弃了，这时候，你需要思考放弃后的结果：这种结果你满意吗？这种结果你真的可以接受吗？现在手上的利益你确定要放弃了吗？即使明知道自己吃亏了，你也不会事后后悔吗？

那么，让我们来看一个案例吧：

赵青是某服装进出口公司的老板，他拥有自己的服装品牌并计划将自己的服装品牌推广到日韩等国家。在日常生活中，赵青平易近人，和蔼可亲，无论是对待员工、家人，还是顾客、朋友，他都能保持平和的心态，谦逊有礼，他也因此获得了大批客户的青睐，与他们建立了长久的合作关系。但也正因为他这样的性格，让他在处理服装品牌许可证费率的问题上吃了大亏。可以想象，那种针锋相对、讨价还价的紧张氛围会让他不知所措，充满痛苦。为此，他专门请了一个谈判顾问张利。

在谈判前，赵青与张利商量，说到如果许可证费率超过3%，那他就很不合算了，所以，二人定下了底线目标：守住3%。然而，在谈判的过程中，对方一直坚持5%的费率不动摇，谈判持续到下午的时候，赵青便有些不耐烦了，他看起来有些倦怠，也有些动摇。于是，张利提出休息一会儿，并对赵青说："你怎么了？"

"张利，我现在又饿又累，而且，谈判可能还会持续下去，我有些坚持不住了。"

"可你之前还说如果超过 3%，你就不合算了。"

"可是，我已经对这个很厌烦了，我觉得对方的条件也不是那么不可接受。"

"你确定你要那么做吗？你确定？如果你可以和我一起守住这个底线的话，我们或许会有进展。"

"呃……那我们再试试吧！"

谈判进行到了傍晚，赵青已经表现出明显的疲惫和厌烦，而对方律师也有些坐不住了，他转向和赵青谈，而完全略过张利。

最终，赵青接受了 4% 的费率，结果已经达成，张利也就不便再坚持什么。

其实，如果赵青和张利能够把疲劳战术坚持下来，那么起初的目标就有可能实现。但是，在压力面前，赵青的情绪有所变化，他感到疲倦、烦躁、难受，以至接受了超过上限的费率。或许他事后会后悔，但是，那已经不是谈判的事了。

我们谈判的目的，普遍是为了长久的利益，可能一时会有些情绪上的不良反应，但是，为了之后一年、两年、三年甚至更久的时间，一时的烦闷是可以忽视的。记住自己的初衷，守住自己的底线，这是让自己不后悔的良方。

冷静有助于在谈判中制胜

EverettCollection 发表在《应用心理学》杂志上的研究结果显示，尽管愤怒和激烈的言辞可能在谈判中让对方无话可说，但以冷静的言辞相威胁（尤其是在谈判的最后关头），却被证明是让对方乖乖就范的有效手段。

这项研究以三组实验为基础，实验对象有 300 多人。欧洲工商管理学院、斯坦福大学、美国西北大学以及其他机构的研究者共同实施了这项实验。实验对象需要同电脑讨价还价，而电脑会以两种方式与实验者谈判，一种非常愤怒（你提出的条件让我非常愤怒！我快要疯了），另一种则以不带感情色彩的措辞进行威胁并发出最后通牒（这就是我的条件，不接受的话就算了）。电脑在 6 次谈判的不同阶段使用上述两种方式进行。

研究人员发现，参与者在面对冷静威胁而不是愤怒时更容易让步。

冷静是正确处理重要事务的必备要求。在重大的谈判当中，谈判者尤其是一些初涉谈判领域的人，如果缺少冷静，就会被凝重的气氛和压力击垮，也就不可能赢得谈判。所以我们说，冷静是应对谈判的上策。

在谈判中，人们不能忽略自尊和非理性这两种要素，在感觉自己受到不信任后，情绪难免出现较大的起伏而做出一些过激的行为。人是感性动物，你可以有情绪，但也要掌握控制情绪的方法，让自己保持冷静。

怎样才能让自己冷静下来，控制情绪而不是受情绪控制呢？比如，在面对谈判对方的紧逼的时候，你该怎么办？情况急转直下，你忽然从有优势的一方变成劣势的一方的时候，你该怎么办？忽然有一个重要问题被你遗漏了，在谈判过程中你才发现，你该怎么办？……在谈判的时候，很多问题都是突如其来的，甚至有些是你事先根本无法预料的，情况特殊，你惊讶、紧张、诧异、失落，甚至是暴躁、愤怒，等等，这些消极情绪都涌了过来。而逻辑分析、人格分析等，在某种情况下可能瞬间崩塌。

其实，优秀的谈判者永远要知道这一点——放弃想要控制对方反应的想法。你无法掌控全局的每一个细节，你也无法掌握对方的每一个观点和想法，你能做的只是尽最大可能事先准备好你能够准备的所有信息，事先分析好你能够做到的一切研究结果和谈判方案，之后就需要随机应变的能力了。而这一切都建立在你需要冷静的前提下。你不应该试图控制他人的反应，相反，你应该做好准备迎接他们的回应。在谈判开始之前，你不妨用一小段时间设想一下可能出现的谈判场景。在这种想象里，你的重点应该落在你能从对方的反应中获取什么信息，而不是专注于对方可能会出现多么糟糕的反应。这样，当你把最坏的情况都设想过一遍后，问问自己，谈判中如果真的遇到了这样的情况，我还会受影响吗？我应该怎么做？当这种心理准备做好之后，并将这种观点贯彻始终，你会发现，自己的心态会冷静很多。

没有最糟糕，只有更糟糕！不过，我们都能应付！

这种自信的冷静可以帮助你解决一些情绪上的问题。

在谈判中，你面对对方的催逼，可以坦言："我还需要仔细考虑，请给我一点时间。"只要能够把这句话大胆地说出口，不仅可以省去许多麻烦，也是使自己冷静下来并提高自己应对能力的重要手段。这是一种战术，当对方逼迫自己马上做出一项决定而自己又无法当机立断时，就要清楚明白地向对方说明自己不能在顷刻之间做出决定，并附以不能决定的理由。只要言之成理，大多会得到对方的谅解。即使没有得到对方的谅解，也向对方表明了自己不是一个态度暧昧、优柔寡断的人。这个时候，自己在谈判中就会处于相对主动的位置上。

同样，无论遇到什么情况，我们都要冷静地明白和坚持一个道理——我并不是在提要求和条件（"我告诉你，我需要的你一定要给我！"），而是在建立一个社会关系和共识（"嘿，亲爱的，这个问题，我们是不是这样解决会比较好呢？"）

所以，别轻易被情绪控制，无论是自己的，还是别人的。把对方的愤怒视为一种谈判技巧，而非情绪反应。如果对方不悦发怒，我们应该表达适度的尊重，却不能让对方激起自己的负面情绪。同时，更不能忽略自身的情绪，你感觉到自己已经开始倦怠或者暴躁的时候，要告诉自己：我应该给自己一些时间冷静冷静，想想对方可能怎么做，想想自己应该怎么做。例如，你可以说："我了解你并不满意这个提议。"接着找出对方的真正想法："那您建议我们该怎么做？"这个做法有两个好处，其一是不会让自己在慌乱的情况下误解对方的意图，而做出错误的让步（他其实只要你退一步，你却自动退了三步）；另外，如果"动气"是对方的谈判表演，也不至让他得逞，反而自乱阵脚，模糊了谈判焦点。

▍分歧不在事实本身，而在思考方式不同

我们之前说过，很多时候，谈判之所以无法正常进行，不是因为双方的利益有冲突，而是因为彼此看待事物的看法不同，观点不同以至立场、分析方式、情感表达都不一样，也就是说分歧不在事实本身，而在思考方式不同。

当我们从争辩开始转向了解和理解对方的时候，我们要清楚地了解到——为什么我们的思考方式会不同。从这个过程来说，我们可以归纳为以下三点：

吸纳信息：通过各种情景、声音、感受来体验世界。

↓

消化信息：按照我们自身的方式来理解和阐释信息，对我们所视、所闻、所感都给予不同的内涵和意义。

↓

得出结论：到底发生了什么。

在这三个步骤当中，无论哪一步，都有可能发生冲突和矛盾。也就是说，我们的思考方式之所以不同，我们的观点之所以不同，是因为我们吸纳和阐释信息的方式不同。这也就是为什么在很多谈判中，我们往往只强调自己的观念，而容易忽略谈判实质的内容。

归根结底，认识不到事情的本质是由于人们的观念不同，而要想解决事情的本质问题，也要从观念入手，引导对方转换思考方式。

其实，能够解析对方的观点，也可以帮助我们自己解决谈判中的问题和矛盾。因为，发现分歧的存在和原因，可以让我们正视问题本身。无论是国家政治问题、国际商务洽谈，还是生活中的琐碎纠纷，只要我们意识到并去探索为什么两人的观点会不同，为什么双方会有这样的意见分歧，就会让我们正视问题，进而寻找到相应的解决方案。

多数人的争吵都是为了某个东西——"嘿！这辆自行车是我的！""兄弟，谁说的，这是我的！"或者是为了某事——"噢！

你踩到我的脚了！""什么呀！分明是你自己撞过来的！"在这种情况下，人们总以为他们需要更多地了解事物或事件本身。于是他们研究，再研究。

但是，就结果而言，分歧并不一定决定着无功而返。恰巧，协议的达成总是建立在分歧的基础之上。当然，谁都不可能一开始就因为分歧而产生共识和协议，这是不科学的！而且，如果是这样的话，就没有谈判的必要了！我们要看到分歧的这一点，正是因为有了它，才在某种程度上促成了协议的达成。就像股票，买方说："股价一定会涨的，我再多买一些！"卖方却觉得："天呀！我现在快亏死了！我必须卖出去！"于是，交易就产生并成立了。正是因为双方认识上的不同，才有了这样的交易行为。

那么，有哪些分歧差异更容易让双方达成协议呢？

预期不同。你认为一件事你能够做到 100 分，但是，有人觉得你只能做到 80 分甚至更低；你觉得你开创的公司能够有一个非常好的前景，但是，很多业内人士觉得你有可能只是昙花一现；你觉得你开发的产品能够开创一个前所未有的市场，但是你身边亲近的人并不认为你可能会成功……这些分歧就是因为彼此的预期不同，所产生的观点和想法也不一样。比如，你在公司已经待了 5 年，你觉得自己应该获得加薪，便去找老板谈话，你觉得自己应该还可以在这一行业继续奋斗并且前景良好，但是，你的老板觉得你虽然有能力和经验，但似乎还并没有达到你自己说的那个价钱。这个时候，利用这种不同预期，双方可以达成协议——

底薪＋年终奖金，工作完成出色，正如你自己的预期那样，年终奖金全部予以兑现。

时间观不同。你可能觉得即刻到手的利益比较现实，对方却觉得长远利益比较可靠，当这种分歧出现的时候，双方可以有这样的解决技巧：对方可以按照年或者是月的时间周期，给你即刻的利益，但只能是部分的。这种方式让双方都各退一步，对你们未来的价值打不同的折扣。比如，你去车行买车，当你看中了一辆车，有心买下来的时候，你看中的是车的性能，并能够即刻使用的价值，但是，这个价值无法在短期内检验出来，那么，就需要你用一个较长的时间来进行"试验"和"考察"——你看中的是长远的利益。而对卖方来说，他们更看重这辆车能卖多少钱，并且能够即刻出手。所以，买卖双方现在的分歧在于，买方想长时间地使用和检验车的价值，而卖方想即刻得到售出车的货币。这个时候，分期付款就是很合理的解决方案了。如果可以延期付款，买方就愿意花更多的钱买，如果卖方能卖到一个高价钱，他就愿意接受延期付款。

对风险的看法不同——谈判双方都有可能承担着一定的风险，而彼此对这个风险的感知程度或许不同，同时，我们还可以分析风险的交换机会是多少。简单地说，就是你和对方分别认为风险有多大，你觉得对方的风险危机能够用什么去替换，也就是说，对方担心有风险，但是可以用某些利益去弥补风险给他们带来的损失。比如，深海采矿，勘探方自然是想获得经济利益，但是，他们更关注自己可能会受到什么损失（公众对这件事的关注是否会有负面消息等），这项勘探投资是否会给他们带来实际的良好利益，这是他们要考虑的风险；而国际社会则认为，如果有一家公司认为它可以从"人类共有的遗产"里获益的话，那么，其他国家或者地区为什么不可以呢？这一方关注更多的是财政收入。这种分歧其实是有利于谈判的，双方虽然都害怕风险的出现，但同时他们的利益点也非常明确，而且并不冲突。所以，最后只要协商，到公司收回投资以前，只征收较低的税率就可以了。换句话说，公司风险小时，税率才会提高。

从"水火不容"走向合作共赢，以下的案例就很好地为我们阐释了如何在差异中达成合作。

心悦小区是某市的高档住宅小区，该小区以设计时尚科学、物业服务到位、周边基础设施完善而广受当代年轻人的青睐，而心悦小区的开发商辰尚房地产开发有限公司则是其中最大的受益者。该房地产公司在发展初期，为了在激烈的竞争环境中立足，获得最大利益而不断压低成本，以建造经济适用房为主营项目。而安心物业有限责任公司在成立之初，就确立了和辰尚房地产公司的合作关系。但双方的合作完全是基于对自身利益最大化的考量，为维护各自的最大利益，双方冲突不断。

一方面，辰尚房地产公司为了自身的利益，企图通过压缩建筑成本，简化小区建设来节约成本，甚至让安心物业公司提供较低质量的服务以降低成本，而安心物业公司则坚持自己"打造高品质物业，让客户安心"的原则，坚决要在小区内设置一流水平的服务设施，这就意味着小区居民需要承受高额的物业费，而这会直接影响小区住房的销售状况。

就这样，双方都保持着自己的态度，各自的坚持让他们难以交流，关系恶化，然而，这样做的结果就是两败俱伤。辰尚房地产公司在媒体上被爆出偷工减料等丑闻，而安心物业因收费高也名声受损。

经过一段时间的思考，安心物业公司上层领导决定与辰尚房地产公司进行谈判，双方是否会继续合作，关键就在于这次谈判。在谈判时，安心物业谈判代表全面阐释了质量与效益的关系，通过理论和实际案例向辰尚房地产公司说明"节本并不是增效的最佳途径"，要想做到利益最大化，提升质量才是关键。"当前经济发展迅速，人们的追求不再是'生存'，而是'生活'，是高品质的生活，经济适用房已经不能满足当代年轻人的住房需要，建设高档住宅小区，发展商品房才是最正确的方向。"安心物业谈判代表说道。而辰尚方面代表也被对方的想法触动，意识到依靠质量发展的重要性。于是，两个公司一拍即合，走上了合作建设高档住宅小区的发展道路。事实也充分证明，他们这一次的合作是十分正确的。

辰尚和安心合作关系的转变充分说明了企业在合作中必须找到利益的切入点，那就是双方整体利益的最大化，这样才能实现双赢。如果双方一直像早期那样，都只是为了实现自身利益最大化而合作，最终只能导致矛盾和冲突，走向两败俱伤的局面。

经历了合作的失败后，双方也都意识到各自的问题，放弃短期利益，着眼于未来，追求共同整体利益最大化，走向双赢，实现长远合作。

当双方有意见分歧的时候，让利益互相融合的一种方法是提出几个对你来说都能接受的选择方案，问对方倾向于哪一个。你只需知道对方倾向什么，而不是接受什么。然后，你根据他们所倾向的方案再作进一步调整，再提出两种或更多修改方案，询问对方倾向于哪种选择。这样，无须任何人做出任何决定，你就可以完善一个方案，直到再也找不出任何分歧为止。

▌别把签约当终点

谈判者经历了有巨大压力的谈判过程之后，终于走到签约这一步，不少人开始松一口气，将这里当作终点，却不知道，其实许多交易最终就败在了这一刻。谈判桌上的问题导致最终无法付诸实施并创造价值，进而整个谈判过程也变得毫无意义。

许多交易表面看来非常完美，但实际上却永远无法有效付诸实施，并创造出价值。追根溯源，问题就出在谈判桌上。事实上，被大家视为交易核心人物的谈判者，往往就是使签订的交易最终遭遇滑铁卢的人。

从谈判签约最基础的角度分析，谈判是为了争取主动，而签约则是为了利益。商务谈判中的各项谈判工作固然重要，但是，即使谈成了业务，如果不签订合同，不把双方的权利义务关系固定下来，以后在执行过程中就可能出现问题。所以说，合同的签订不可忽视，而且合同的签订不仅是商务谈判取得成果的标志，也是这个项目的开端。

谈判双方经过你来我往多个回合的讨价还价、较量与让步，就商务交往中的各项重要内容完全达成一致以后，为了明确彼此之间的权利和义务，同时也为了给以后的履行提供一个标准，取得法律的确认和保护，一般都要签订商务合同。因此，签约工作做得好与坏关系到整个商务谈判是否能取得成功，它是全部谈判过程的重要组成部分，是谈判活动的最终落脚点。而签约则意味着全部谈判工作的结束。

什么时候可以提出签约？有经验的谈判者总是善于在关键的、恰当的时刻，抓住对方隐含的签约意向，或巧妙地表明自己的签约意向，趁热打铁，促成交易的达成与实现。但要如何把握这个时机，促使谈判向协议达成迈进呢？如何洞察、把握签约的意向，向协议的达成迈进？如何抓住最佳时机、当机立断，立即签约？这是谈判者应该掌握的基本技巧。

在确定了双方已经基本完成各项问题的讨论，并进入尾声的时候，可以留意对方的信号，同时适当地抛出己方的信号，例如，表示自己的观点已经阐述完毕，如综上所述，以上就是我的全部想法等。

讨论完毕之后，必经的一个步骤就是最后一次报价，这里，谈判高手提醒：

1. 不要过于匆忙地报价，否则，会被认为是另一个让步，令对方觉得还可以再努力争取到另一些让步；如果报价过晚，对局面已起不到作用或影响很小，也是不妥的。为了选好时机，最好把最后的让步分成两步，主要部分在最后期限之前提出，刚好给对方留一定时间回顾和考虑。如果有必要的话，次要部分应作为最后的"甜头"，安排在最后时刻做出。

2. 最后让步的幅度大小也应该控制，因为最后让步必须足以成为预示最后成交的标志。在决定最后让步幅度时，一个主要因素是看对方接受这一让步的人在对方组织中的位置。如果让的幅度比较大，应是大到刚好满足较高职位的人维持他的地位和尊严的需要。

3. 让步与要求应该同时提出，除非己方的让步是全面接受对方现时的要求，否则，必须让对方知道，不管在己方做出最后让步之前还是做出让步的过程中，都希望对方能予以响应，做出相应的让步。比如，在提出己方让步时，示意对方这是谈判个人自己的主张，很可能会受到上级的批评，所以要求对方予以同样的回报。

由于签约是一个很严肃的商务活动，其细节也不容忽视，主方应会同有关各方一道指定专人，共同负责合同文本的定稿、校对、印刷、装订、盖章等工作。签署涉外商务合同时，比照国际惯例，待签的合同文本应同时使用有关各方法定的官方语言。

为了谈判的成功，谈判人员应该有更清醒的认识。牢记最终目的，帮助对方做好准备，将协调一致视为共同的责任，保证信息的一致性，将谈判当作一项业务流程进行管理，这些都是谈判团队应该做到的。如何在这些方面做到最好，谈判高手提出了一个练习方法，那就是谈判团队在做准备工作时，可以想象一下交易合同签订了一年之后可能遇到的各种各样的问题。

此外，谈判高手还建议，最好不要试图通过让对方措手不及的方法来取得优势，因为如果对方没有进行某方面的深入思考，有可能取得成功，但是错误的决定对双方今后的长期关系没有一点好处，而如果对方已经准备充分，这个方法也就失去了作用。

一旦签订合同，谈判团队就必须及时向所有人员通报交易的条款和为了达成最后的协议所做的取舍。这一点非常重要，无论是对己方还是对对方来说，如果将合同交与各个执行团队时不作任何解释，那么各个团队对交易目标、谈判者的意图都将形成不同的看法，一方面不利于公司内部的团结，另一方面有可能影响到协议的执行程度，甚至造成谈判的结果失去实际意义的局面。

还有最后的一个工作，就是把规范的谈判准备流程和谈判后的评估结合起来。因为谈判后的评估是要针对谈判的各个阶段进行统计、分析与总结，因此如果谈判准备流程按规范实施，在提高工作效率的同时，还可以与评估相结合，直到最后的协议签订都可以记录并为以后的长期发展提供参考。

目前，更多的谈判高手提出，传统的签约式谈判观念使得大部分的谈判人员把谈判之后签订合约作为最终目标，甚至只看签订交易的数量和规模来评估谈判者的工作，这种观点注定只能适应于短期发展，而无法促进谈判能力的整体提升，并且对最终项目的开展也无法提供任何帮助和指导意见。

与这种观点相似的，有管理学家提出，公司及其谈判人员都应该更新谈判观念，不再局限于尽可能获得最优惠的交易条件，而是探寻以后建立长期健康的合作关系，从签约式向执行式发展，能够更大程度上确保项目的顺利开展和进行。

总之，谈判结束后，项目开始前，所有的谈判人员都不应该放松，这是一直以来谈判过程的最终实现，在最后关头没有把好关而出现失误，相信这是所有谈判者最不愿意看到的。